빛깔있는 책들 101-25

# 안동 하회 마을

글/임재해 ● 사진/김수남

대원사

## 임재해 ───────

영남대학교 국문학과를 졸업하고 동 대학원에서 문학박사 학위를 취득했다. 현재 안동대학교 인문대학 민속학과 교수로 재직중이다. 저서로는 「한국민속과 전통의 세계」「설화작품의 현장론적 분석」「민족설화의 논리와 의식」「민속문화론」「꼭두각시놀음의 이해」「전통 상례」등이 있으며 편저로는 「한국의 민속예술」「한국민속학의 과제와 방법」등이 있다.

## 김수남 ───────

연세대학교 지질학과를 졸업했으며 동아일보사 출판사진부 기자를 역임했다. 현재는 프리랜서로 일하고 있다. 사진집 「풍물굿」「장승제」「호미씻이」를 냈다.

# 안동 하회 마을

# 안동 하회 마을

부용대에서 바라본 하회 마을  수태극, 산태극의 절묘한 지리적 형상과 깨끗한 백사장, 만송정의 푸른 솔숲 등 빼어난 자연 경관을 지닌 하회 마을은 한국 민족 문화의 한 전형을 고스란히 간직하고 있는 마을이다.

# 하회를 떠올리는 몇 가지 표상

우리 한국인들을 두고서, 타고난 고향이 아니면서도 고향처럼 가 보고 싶은 마을을 꼽아 보라고 한다면 가장 많은 사람들이 하회 마을을 꼽을 것이다. 그것은 수많은 사람들이 갈봄, 여름 없이 하회 마을을 계속 찾아드는 것만으로도 알 수 있다. 어떤 사람들이 왜 무엇 때문에 이토록 하회 마을을 찾고, 나는 왜 또 하회 마을을 구경하고 싶어 우선 글과 사진으로나마 하회 마을을 들여다보고 있을까. 또 사람들이 하고 많은 마을들 가운데 왜 하필 하회 마을에만 이렇게 집중적으로 몰려들까. 그럴 만한 까닭이 있을 것이다. 그 까닭이야말로 사람들을 하회 마을로 끌어들이는 매력의 원동력이다. 그 매력은 하회 마을을 한층 찬찬히 들여다봐야 알겠으나, 우선은 '하회 마을' 하면 떠오르는 몇 가지 표상들을 통해서 입문삼아 점검할 수 있을 것이다.

첫째, 대표적인 것 가운데 하나가 하회탈과 하회별신굿이다. 하회라는 말을 떼고는 연상도 할 수 없는, 가장 오래 되고 가장 훌륭한 조형성을 이루고 있는 하회탈과 한국 민속극의 기원을 설명해 주고 가장 오래 된 탈춤의 모습을 간직하고 있는 하회별신굿탈놀이는 한국 조각 예술과 연극사를 대변하는 세계적인 문화 유산이다. 이제는 하회의 탈과 탈춤에 머물지 않고 한국의 탈과 탈춤 또는 한국 전통 문화의 상징처럼 되기까지 했다.

둘째, 하회는 우리나라 최고의 반촌이라는 사실이다. 조선조 양반들의 군림과 횡포에 상당히 비판적 시각을 지닌 이들도 하회 마을을 찾아 겸암 종택 양진당과 서애 종택 충효당을 둘러보며 내심 찬탄을 하게 되는 것도, 신분 사회의 구조적 모순 이전에 인간의 탁월한 성취에 대한 경외감과 선비들의 행적 및 유가적 생활 양식의 무시못할 품격에 압도당하기 때문이다.

셋째 요인은 하회의 빼어난 자연 경관이다. 사실 많은 사람들이 하회를 찾아드는 가장 큰 이유 가운데 하나는 수려한 풍광과 독특한 지리적 형상을 구경하고 즐기고자 하는 데 있다. 마을을 휘감아 돌아가는 낙동강 물줄기와 그 주변에 흰 무명베를 펼쳐 놓은 듯한 깨끗한 백사장 그리고 만송정의 푸른 솔숲과 깎아지른 듯한 부용대의 절벽 등 어느 것 하나 나무랄 데 없는 경관을 이루고 있다. 이러한 자연 경관은 하회 또는 물돌이동이라는 이름으로 널리 알려져 있어 누구든 한차례 둘러보고 싶은 충동을 느끼게 한다.

결국 하회는 수려한 자연 경관과 탁월한 문화적 전통을 함께 갖춘 셈인데, 그것은 바로 하회에서 지금까지 줄곧 살아온 하회 사람들의 문화적 역량 때문이다. 길지를 고를 줄 아는 사람들이 있어 좋은 터를 가려 풍광좋은 마을에 자리잡았고 또 자신들의 노력으로 동시대 상황에 걸맞는 일정한 수준의 문화를 창조했던 것이다.

이처럼 하회를 떠받들고 있는 몇 가지 표상은 자연과 인간 그리고 그 사이에서 창출된 문화에 걸려 있다. '물돌이동'이라고 이름붙일 만한 수태극, 산태극의 절묘한 지리적 형상과 만송정 푸른 솔숲, 길게 뻗은 백사장, 부용대의 아름다운 풍광 등이 첫째 표상이라면, 위로는 충신과 효제의 모범을 보이며 성리학의 한 줄기 맥을 이은 겸암이나 서애와 같은 선비들이 둘째 표상이며, 조선조 유교 문화의 전통이 빚어 낸 양반, 선비들의 동성 반촌이라는 사실이 셋째 표상을 이룬다. 그리고 아래로는 불후의 명작 하회탈을 남긴 허도령과 하회탈춤을 지금껏 전승한 민중들이 넷째 표상을 이루고, 민중들의 무교적 세계관에 입각한 별신굿탈놀이를 생생하게 전승하고 전형적인 한옥들을 본디 모습대로 잘 보존하고 있는 민속촌이라는 사실이 다섯째 표상을 이루고 있다.

대충 든 다섯 가지 표상은 받아들이는 사람들에 따라서 자못 다를 수 있다. 다섯 가운데 한둘만 특별히 눈여겨 인식하는 사람들도 있을 것이고 그 차례를 완전히 뒤집어 인식하는 사람도 있을 것이다. 이를테면 하회탈춤을 보고자 왔다가 마을의 경관에 매료된 사람들도 있는가 하면, 만송정 그늘에 여름 휴가를 즐기러 왔다가 양진당과 충효당의 종택을 보고 반촌의 위세를 실감한 이들도 있으며, 영모각에 전시된 서애의 유물을 보고자 마을을 들렀다가 하회의 풍수지리에 탄복한 이도 있을 게다. 저마다 살아온 경험과 가치관 또는 마을에 대한 관심에 따라 하회를 떠올리는 표상도 다르고 그 차례도 제각각일 것이다. 그러나 한 걸음 물러서서 하회를 입체적으로 조망해 보면 이들 다섯 가지 표상들이 하회 마을을 튼실하게 지탱하는 '오행'의 요소로 자리잡고 있음을 은연중에 깨닫게 될 것이다. 그것은 하회 마을의 객관적 실상이자 삶의 조화에만 머물지 않는다. 한국 민족 문화의 한 전형적 보기라 해도 좋겠다.

# 하회를 구경하고 공부하는 길

## 어떻게 찾아갈 것인가

하회는 그야말로 물돌이동이다. 물이 하회를 휘감아싸고 돈다. 자연히 물길을 제쳐두면 하회로 통하는 길은 한 길뿐이다. 옛날에 소금 장수들은 소금배를 타고 낙동강 하류에서 하회까지 물길을 오르내렸다고 한다. 이제는 강바닥이 높아져서 뱃길도 끊겼다. 하나 뿐인 육로를 이용하는 수밖에 없다. 길이 하나뿐이니 찾아가기 수월할 것 같다. 그러나 교통이 사통팔달 뚫려 있는 마을과 달리 길을 잘못 들면 다시 되돌아나오지 않으면 안 된다. 다른 길과 이리저리 통하지 않기 때문이다. 외곬으로 정확하게 찾아 들어갔다가, 다시 갔던 길로 정확하게 되돌아나와야 한다. 하회를 거쳐서 다른 마을로 가는 길은 없기 때문이다. 굳이 가려면 나룻배를 타고 낙동강을 건너야 한다. 하회는 거쳐가는 마을이 아니다. 하회를 최종 목표로 삼아서 마지막으로 이르는 끝마을이다. 하회 마을이 조선조의 상하 층 문화를 고스란히 전승하면서 그 순수성을 잘 지켜 온 까닭도 마을에 이르는 오직 한 길 덕분이 아닌가 싶다.

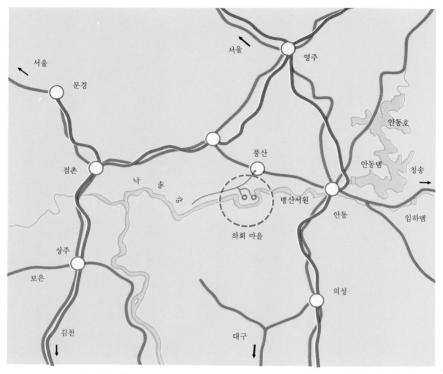

하회 마을 위치도

　　하회를 찾아가는 사람들은 하회가 안동에 있다는 대수롭잖을
것 같은 사실을 염두에 두어야 한다. 왜냐하면 '안동 하회 마을'이라
고 했듯이 일단 안동을 거쳐야 하회로 들어갈 수 있기 때문이다.
안동을 '거친다'는 말은 두 갈래로 받아들여야 한다. 하회를 가려면
안동을 지나가야 할 뿐 아니라, 하회를 온전하게 이해하기 위해서도
안동의 이해가 앞서야 하기 때문이다. 안동은 하회를 찾아 들어가는
가장 커다란 지리적 좌표이자, 하회를 이해하는 문화적 준거틀을
지니고 있는 까닭이다.

안동 시내에서 택시를 잡아타고 간다면 더 이상 길 안내는 필요없다. 그러나 하회 마을을 주체적으로 찾아가려면, 그리고 하회로 가는 길에 마을 사람들과 미리부터 사귀어 두려면 시내 버스를 이용하는 것이 좋다. 하회로 가는 시내 버스 46번은 안동역 또는 버스 정류장에서 서쪽 방향으로 2백 미터 남짓 떨어져 있는 안동국민학교 교문 앞에 위치한 버스 정류장에서 출발한다. 버스는 오전 6시 20분에서 오후 16시까지 두 시간 간격으로 6회 정도 드나드는데, 소요 시간은 45분 정도이다. 승용차를 이용하는 경우에는 안동시에서 서쪽 예천 쪽으로 안전하게 30분 정도 달리면 풍산읍이 나온다. 풍산읍을 완전히 지나쳐서 3백 미터 정도 가면 왼쪽에 주유소가 있고 맞은편에 매곡교가 보인다. 매곡교로 들어가기 직전에 왼쪽으로 꺾어들면 제방 위로 포장된 길이 곧게 뻗어 있다. 이 길이 하회로 들어가는 길이다. 이 포장길을 따라 계속 가면 더 이상 길 안내를 받지 않아도 10분 뒤에는 하회에 이를 수 있다.


## 어떤 차례로 구경할 것인가

하회를 순조롭게 찾아가서 제대로 구경하려면 안동을 거쳐야 한다고 했다. 하회를 구경하는 것이 주목적이라도 우선 안동부터 구경하는 것이 하회가 터잡고 있는 지리적, 문화적 위상을 상호 관계 속에서 체계적으로 이해하는 데 도움을 준다. 하회는 곧 작은 안동이라고 해도 좋을 정도로 안동 문화의 한 전형을 떠받들고 있으며, 동시에 안동 문화라고 하는 커다란 테두리 속에서 형성되고 유지되어 온 안동의 한 부분 문화로 귀속되어 있는 것이다. 그러므로 안동의 문화적 전통과 하회는 밀접한 관계를 지니고 있으므로, 안동 문화의 윤곽을 먼저 포착할 필요가 있다.

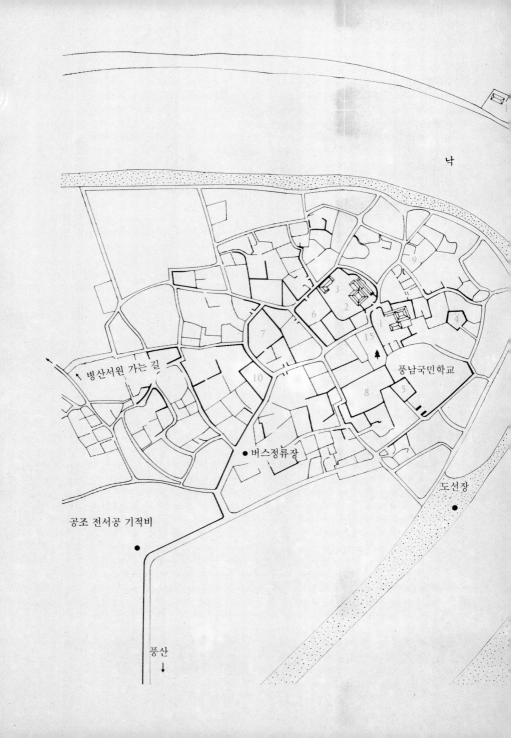

낙

병산서원 가는 길

풍남국민학교

버스정류장

도선장

공조 전서공 기적비

풍산

강

부용대

**하회 마을 배치도**

1. 양진당
2. 충효당
3. 영모각
4. 빈연정사
5. 원지정사
6. 주일재
7. 남촌댁
8. 북촌댁
9. 작천고택
10. 하동고택
11. 겸암정사
12. 옥연정사
13. 화천서당
14. 상봉정
15. 삼신당

안동은 성리학의 고장이자 또한 민속의 고장이기도 하다. 안동 동채싸움과 놋다리밟기는 전통적인 남녀 집단 민속 놀이로 전국적인 관심을 끌고 있을 뿐 아니라, 전국에 걸쳐 구송되고 있는 성주풀이 무가를 들어 보면 "성주의 본향이 어드메냐 경상도 안동땅 제비원이 본일레라"고 하여, 안동이 성주 신앙의 본향임을 말하고 있다. 게다가 하회별신굿을 비롯한 수동별신굿, 병산별신굿, 마령별신굿 등 농촌 별신굿과 탈춤의 유산을 두루 간직하고 있는 고장이기도 하다. 그리고 전국적인 명산으로 알려져 있는 안동포와 안동 소주, 안동 식혜, 그리고 각 마을마다 산재해 있는 고가옥들이 독창적인 형태들을 지니고 있어 문화재로 지정받고 있는 것이 많다. 이런 사실로 보아 일상적인 살림살이인 의식주 문화 역시 다른 고장에 비해 상당히 두드러진 개성을 지니고 있음을 알 수 있다.

그 결과 지정문화재 가운데 안동에서 지정된 민속 자료가 총36점으로 전국(80점)의 45퍼센트를 차지할 만큼 엄청나다. 대부분의 시군에는 한 점도 없거나 있어 봐야 한두 점이 고작이다. 안동 다음으로 많은 민속 자료를 지정받은 곳이 대여섯 점 정도니 그 문화적 역량의 층차를 짐작할 만하다. 하회의 고건축들 및 별신굿탈놀이도 이와 같은 안동의 문화적 토대와 문화적 역량 속에 자리잡고 형성 전승된 것이라 하겠다.

그러므로 물돌이동 하회의 자연 경관은 영가로 이름난 안동 낙동강의 줄기 속에서 이루어진 것이고, 겸암과 서애가 남긴 성리학의 업적과 동성 반촌으로서 확보하고 있는 문벌의 위세는 사부향 안동의 명성과 퇴계의 학맥을 이어받아 형성된 것이며, 하회탈과 별신굿의 민속 문화는 민속의 고장 안동의 전통 속에서 생성 전승된 것이라 하겠다. 하회를 구경하기 전에 안동의 문화적 전통을 먼저 들여다보면 하회 마을이 더 훤하게 잘 보이는 까닭도 여기에 있다.

하회에 들어서면 먼저 하회 마을까지 오느라 지친 몸을 달랠 겸,

**낙동강변**  하회의 자연 경관은 영가로 이름난 낙동강의 줄기 속에서 이루어진 것으로
'물돌이동 하회'라는 말을 창출해 냈다.

마을의 전체적 조망을 위해서 방천을 중심으로 한 외곽 도로를 산책 삼아 한 바퀴 돌아본다. 그러면서 집의 배치와 자연 경관의 특징, 초가와 와가의 관계, 종가와 정자의 위치 등을 눈여겨봐 둔다. 이때 산세의 형성과 물의 흐름, 부용대, 서낭당의 위치도 대충 확인해 둘 필요가 있다.

방천길을 걸으며 숲으로서 하회를 돌아본 뒤에는 마을 안길의 골목길을 따라 숲이 아닌 나무로서 마을을 구성하고 있는 문화적 구조물들을 하나하나 눈여겨봐야 할 것이다. 동서로는 마을 입구에서 양진당과 충효당에 이르기까지 그리고 남북으로는 주일재와 남촌댁에서 북촌댁과 연좌루에 이르기까지, 골목길의 흐름을 따라가며 토담과 집들의 양식 및 그 방향과 짜임새 등을 세심하게 살핀다. 이렇게 마을 안길과 집의 구조들을 구석구석 돌아본 뒤에는 다시 한 걸음 물러나서, 나룻배를 타고 화천을 건너가 옥연정과 겸암정도 돌아보고 부용대에 올라가서 하회 마을 전체를 조망해 볼 일이다. 부용대에 오르면 마을의 빼어난 경관들과 물돌이동이 지닌 풍수지리적 특성까지 한눈에 포착할 수 있다. 방천길과 골목길 그리고 나룻배와 부용대가 하회 마을의 실상을 저마다 새롭게 인식하고 체험할 수 있는 좋은 통로를 마련해 줄 것이다.


## 무엇을 어떻게 공부할 것인가


마을을 보는 데는 여러 가지 갈래가 있을 수 있다. 포괄적으로 그 기본적인 축을 넷으로 잡는다면, 우선 마을의 연혁 또는 역사라고 할 수 있는 마을사를 눈여겨볼 필요가 있다. 그래야 마을 사회의 조직과 문화라는 공간적 현상들을 역사적 시간의 날줄 속에서 온전히 가늠할 수 있다. 그러기 위해서는 고인돌과 같은 선사시대의 유물 및 조선조 이전의 불교 유적과 문화재 자료도 찾아야 하고, 구전되는 전설과 민요도 수집해야 하며, 문헌 자료 속에 수록되어 있는 기록 자료도 어지간히 살펴야 한다. 최근 한두 세대 사이에도 조선조의 몇 세대 못지않게 많은 변화를 겪었다는 사실을 염두에 둔다면, 마을의 원로한 어른들을 모시고 평생 지켜보고 겪었던 마을 일들을 들어서 구술 사료로 삼아 현대 마을사를 재구성할 필요도 있다.

다음은 마을 사회의 조직과 구성을 보아야 한다. 행정 체계로서 동장과 새마을 지도자, 반의 조직 또는 풍산 류씨 종가의 체계와 문중 조직 그리고 각종 의식 등도 주목해야 한다. 하회 사람들이 지켜 오는 전통 의례 가운데 아직도 원형을 잘 유지하는 것은 제례이다. 특히 다른 마을에서 흔하게 볼 수 없는 불천위 제사 등은 눈여겨볼 만한다. 반촌으로서 혈연적인 문중 조직 못지않게, 한 모둠살이로서 지연적인 공동체 조직도 관심있게 봐야 하회 마을의 실체를 온전하게 포착할 수 있다.

이를테면 마을의 길흉사를 관장하는 '유사'라든가, 마을의 서낭신을 섬기는 '산주', 마을의 풍물잡이를 이끌어 가는 '상쇠', 논들의 봇물을 관리하는 '봇도감', 각종 질병을 고쳐 주는 약손(조약, 산파, 따는)할머니나 길흉사의 의식 절차에 밝은 할아버지, 혼례 날짜나 고사 날짜를 잡아 주는 '일관', 성주고사나 객귀물리기를 잘 하는 어른 등을 더 눈여겨봐야 한다. 이들이야말로 각자 제구실을 발휘하면서 자기 마을이 외부에 종속되지 않고 모든 문제를 주체적으로 해결하며 자급 자족할 수 있는 독자적 공동체 생활을 담보해 내는 중요한 공동체 성원들이기 때문이다.

셋째는 문화적 전통을 봐야 한다. 우선 의식주 생활이라 할 수 있는 살림살이의 도구와 살림살이의 방식을 살피는 것이다. 골목길의 향방과 가옥의 배치와 구조, 거기에 따르는 남녀간의 생활 공간, 조상을 모시고 제사를 올리든가 각종 의식을 행하는 의례 공간이 어떻게 구분되며, 이것이 당시의 유교적 도덕률과 어떤 관계를 지니고 있는가 하는 것을 따져 볼 필요가 있다. 정자와 서원의 구조, 기능에도 관심을 가지며 서낭당과 국사당, 삼신당 등의 동신 신앙과 성주, 삼신, 조왕 등의 가신 신앙도 주의를 기울여야 한다. 농기구와 생활 용품 등 살림살이의 도구 또한 그냥 넘길 수 없는 대상이다. 물론 하회탈과 별신굿탈놀이는 하회에서 가장 중요한 주목 거리이다.

넷째는 마을의 자연 경관을 봐야 한다. 사람의 모둠살이는 자연을 배경으로 터를 잡고 마을을 일구어 가기 때문에 마을을 이해하는 데 자연 경관은 빼놓을 수 없다. 지리적 특징, 기후의 조건, 용수의 확보, 토질의 성격 등을 두루 검토해야 마을 사람들이 자연 환경을 택하고 이용한 까닭과 과정을 이해할 수 있다. 생업 양식과 경제적 기반이 어떻게 형성되어 있는가 하는 문제도 자연 환경과 함께 살펴볼 만하다. 왜냐하면 일정한 물적 토대 없이 문화가 생성 전승되기는 어려운 까닭이다. 그러나 여기서는 스스로 제기한 문제들을 다 들여다볼 수 없다. 본격적인 연구서가 아니라 길잡이 구실만 겨냥하고 있기 때문이다. 따라서 문제를 제기해 가면서 특히 주목을 끄는 두드러진 문제들만 들여다보는 데 만족할까 한다. 그럼 하회의 지리적 형상과 자연 경관부터 들여다보기로 한다.

# 하회의 지리적 형상과 풍수설의 이해

## 지리적 형상과 자연 경관

행정 구역상의 위치를 보면 하회는 안동군 서남단에 위치한 풍천면의 한 고을이다. 풍천면은 동쪽으로는 풍산읍과 이웃해 있고 서쪽으로는 예천군 지보면, 남쪽으로는 의성군 신평면, 북쪽으로는 예천군 호명면과 이웃해 있다. 따라서 안동 풍산이나 예천 호명을 거쳐야 하회로 들어갈 수 있다.

하회에서 외부로 통하는 길은 큰고개를 거쳐 들어가는 육로말고는 뱃길뿐이다. 만송정 오른쪽 끝에 자리잡은 배나들에서 나룻배를 타고 화천을 건너 부용대 기슭의 옥연정사에 이르면, 여기서 광덕동이나 앞개로 갈 수 있다. 옛날에는 낙동강 하류에서부터 소금배가 올라와 화천을 거쳐 안동시까지 거슬러 올라갔다고 한다. 그러나 이 물길은 예사 사람들이 이용하기 어렵다. 나룻배를 이용한 물길을 제쳐두면 하회와 외부를 잇는 길은 큰고개로 통해서 예천, 풍산 안동 등지로 나가는 길 하나밖에 없다. 이러한 지리적 고립이 하회의 독자적인 마을 형상과 절묘한 자연 경관 그리고 풍수지리상의

부용대 앞 화천의 나룻배

길지로 주목받게 하는 동시에, 다른 마을과 구별되는 개성있는 전통
문화를 생성하고 전승하는 중요한 요소가 되었다. 또한 군사적 안전
지대로서 왜적의 침입을 받지 않게 되어 한 차례도 전란을 겪지
않았다. 이것이 유형문화재들이 고스란히 남아 있는 이유 가운데
하나이다.

하회 마을의 지리적 형상은 마을 입구의 들머리라 할 수 있는
큰고개 탕건바위 앞에서부터 살필 수 있다. 마을로 들어가는 길에
큰고개에서 살펴보면 오른쪽으로는 부용대가 북풍을 막고 병풍처럼
서 있고 그 절벽 아래로 화천(花川)이 굽이쳐 흐르며, 백사장과 제방
이 원경으로 들어온다. 길을 따라가면 시야에서 부용대와 백사장이
완전히 사라진 고갯길이 계속되다가 작은고개를 넘어서면 비로소
마을이 모습을 드러낸다. 작은고개 맞은편에 삿갓 또는 대접을 엎어
놓은 것처럼 마을이 보이고, 왼쪽으로 화산(花山) 자락과 산기슭의
논들이 눈에 가득 차게 들어오는 것을 볼 수 있다. 하회를 구경하는
차례대로 먼저 강을 따라 마을을 감싸안고 있는 제방길을 돌아보면

하회 마을의 경관을 가까이서 바라볼 수 있다.

마을의 형상은 두 가지 점에서 특이하다. 삿갓이나 대접을 엎어
놓은 것처럼 가운데가 봉긋하게 솟아 있고 바깥쪽으로 갈수록 점점
낮아졌다는 사실과 집의 분포가 대충 원형을 이루고 있다는 사실이
다. 자연히 마을의 전체적인 형상은 비행접시 모양을 하고 있다.
이를 두고 하회를 풍수지리학적 용어로 연꽃이 물 위에 뜬 모양과
같다고 하여 연화부수형(蓮花浮水形)이라고 하기도 하고 다리미
형국이라고도 한다. 이것은 물돌이동과 일정한 관련이 있다. 강이
마을을 휘감아 도는 형국이니 강물과 마을을 함께 싸잡아 보면 연꽃
이 물에 떠 있는 것처럼 보인다. 그렇다고 해서 물돌이동이 섬마을
은 아니다. 한쪽은 화산 기슭과 닿아 있다. 큰고개를 넘어 마을로
들어오는 길과 삿갓 모양을 하고 있는 마을을 부용대에서 내려다보
면 꼭 자루가 달려 있는 재래식 다리미 모양처럼 보인다.

마을이 원형을 이루고 있는 까닭은 산기슭에 자리잡고 있지 않은
까닭이다. 전형적인 농촌 마을은 뒤쪽으로는 산을 등지고 앞쪽으로
는 강을 낀 상태로서 이른바 배산임수(背山臨水)를 이루고 있는
데, 하회는 산과 제법 멀찍이 떨어진 채 강폭에 휩싸여 있는 것이
다. 그러니 강줄기의 흐름을 따라 둥글게 분포되게 마련이다. 만일
산골짜기에 자리를 잡고 있다면 골짜기를 따라 마을이 들쭉날쭉
할 것이며, 산기슭에 터를 닦았다면 기슭을 따라서 마을이 길게
형성되어 있을 것이다. 하회는 마을의 형상만 특이한 것이 아니라
마을과 강, 마을과 산, 마을과 들의 관계도 특이하다.

마을을 이루는 기본적인 지표들은 산과 강 그리고 들이다. 이들
세 요소는 마을과 일정한 관계를 이루고 있다. 일반적으로 마을이
산을 등지고 강가에 자리잡고 있으며, 논밭과 같은 농경지는 마을과
강 사이에 자리를 잡고 있는 것이 예사이다. 그런데 하회는 강을
끼고 있되, 마을과 강 사이가 아니라 마을과 산 사이에 논들이 형성

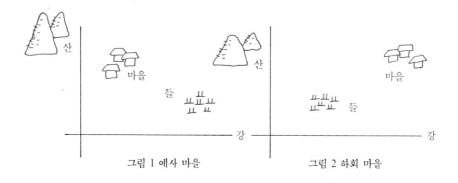

그림 1 예사 마을                그림 2 하회 마을

되어 있음을 알 수 있다. 그러한 관계를 그림으로 도식화하면 그림
1, 2와 같다. 가로축은 강을 끝으로 공간적 분포의 양상을 나타내고
세로축은 산을 끝으로 지리적 높낮이의 양상을 나타낸다.

　들의 위치가 예사 마을과 달리 산과 마을 사이에 끼어 있다는
것은 두 갈래의 해석이 가능하다. 그 하나는 마을이 강과 지나치게
가까이 위치하고 있으므로 들이 끼어들 여지가 없어서 들이 마을과
산 사이에 조성될 수밖에 없었다고 할 수 있다. 다른 하나는 산기슭
에 이미 들이 조성되어 있었으므로 마을은 들을 피해 강 가까이
터를 잡을 수밖에 없었다고 할 수도 있다. 이것은 들이 먼저냐 마을
이 먼저냐 하는 문제와 관련이 있다. 지금 풍산 류씨들이 세거하는
마을은 그 이전부터 화산 기슭에 자리잡았던 허씨나 안씨들 마을
이후에 들어선 것이다. 그러므로 허씨와 안씨들이 '예사 마을'의
형상처럼 마을을 형성하고 들을 일구었는데, 뒤늦게 하회로 들어온
류씨들이 기존의 마을을 피해 새로 터를 잡게 될 형편이므로 들과
강 사이에 남은 둔덕을 이용하여 지금처럼 터를 잡게 된 것이 아닌
가 생각된다.

비록 산기슭의 마을을 피해서 뒤늦게 터를 잡지 않았더라도 지금의 위치를 길지로 보고 마을 터를 잡게 된다면 그 풍수지리적 조건에 따라 여전히 같은 체계를 형성할 수밖에 없다. 마을의 터 자체가 삿갓 모양을 이루고 있으므로 가운데의 높은 지역을 주거지로 삼게 되면 주변의 낮은 지역은 농경지로 이용할 수밖에 없다. 다시 말하면 안씨나 허씨들이 화산 기슭에 마을을 이루지 않았다고 하더라도, 그래서 화산 자락에 농경지가 만들어져 있지 않은 상태라고 하더라도, 풍산 류씨들이 지금의 터에 마을을 조성하게 되면, 논들 역시 지금처럼 화산 자락에다 일굴 수밖에 없다는 것이다. 왜냐하면 화천에 맞닿은 남서쪽은 농경지의 여지가 거의 없기 때문이다. 그러므로 지금과 같은 하회 마을 고유의 특이한 형상을 창출한 것은 마을의 터를 잡은 역사적 시점과 지리적 위치가 함께 유기적으로 작용한 결과라 하겠다.

## 하회의 형국론과 풍수지리

지리적 형상과 자연 경관을 구경하면서 이미 하회의 풍수지리에 관한 기초적 인식은 한 셈이다. 이제 앞에서 살펴본 하회의 형상과 경관들을 풍수지리학적으로 해석하는 일이 남았다. 풍수지리상의 특징은 흔히 '형국(形局)'으로 나타낸다. 하회는 연화부수형 또는 산태극, 수태극을 이루는 '태극형'의 형국을 이루고 있으며, 또는 배 떠나는 형국이라 하여 '행주형(行舟形)'이라고도 한다. 이러한 형국은 모두 산세의 지맥과 물길의 흐름에 의해서 형성된 것이다.

우선 산세부터 보면, 하회는 화산 자락의 매듭에 자리잡고 있다고 할 수 있다. 화산은 태백산맥의 줄기를 타고 있는 영양 일월산의 한 지맥이 남서쪽으로 뻗어내리다가 낙동강과 만나면서 머물러

**충효당 앞뜰** '연화부수형' '태극형'의 형국을 이루고 있는 하회는 화산 자락의 매듭에 자리잡고 있다. 그 산의 지맥은 지금의 충효당 뒤뜰에까지 이어져 잔디밭으로 남아 있다고 한다.

26 하회의 지리적 형상과 풍수설의 이해

곧 벼슬을 상징한다. 따라서 감투봉은 하회에 높은 벼슬자리를 차지할 인물이 많이 날 수 있다는 것을 뜻한다.

　다음 문제는 주산과 그 좌우의 청룡, 백호 중심에 혈이 깃들어

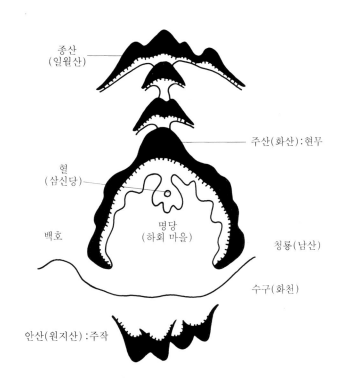

그림 3 하회의 풍수지리

있어야 한다. 태백산의 맥을 이은 일월산의 지맥이 화산까지 이어졌으며 화산의 줄기가 충효당 뒤뜰에 이르렀고, 잠시 수그러들었던 지맥이 다시 솟아서 응결한 곳이 삼신당과 양진당 자리라고 한다. 그러므로 태백산의 지맥이 응결한 곳이 하회의 중심지가 되는 것이다. 삼신당을 혈의 응결점에 세웠다는 것은 주목할 만하다. 하회의 풍수지리를 그림으로 나타내면 앞의 그림 3과 같다.

　그림처럼 하회는 풍수지리의 조건을 잘 갖춘 마을이다. 뒤로(동쪽) 화산이 받쳐 주고 있고 앞으로는 남산(남쪽)과 원지산(서쪽), 부용대(북쪽)가 대응하고 있다. 그러나 하회의 북서쪽은 산이 낮아 몰려오는 북풍으로 마을의 지기(地氣)를 흩어 버릴 가능성이 있다. 서쪽의 원지산과 북쪽의 부용대 사이가 이른바 ‘허’하다고 하는 곳이다. 따라서 이 허한 곳을 보완하기 위한 비보(裨補) 숲으로 만송정을 조성했다고 한다. 만송정은 풍수지리학적으로는 비보 숲인 동시에 차가운 북서풍을 막아 주는 것은 물론 화천의 범람까지 막아 주는 방풍림과 방수림 구실까지도 한다. 이런 인공적인 비보 숲의 조성으로 하회는 마을의 풍수지리적 조건을 완벽하게 갖추었다고 하겠다.

　마을의 터 이상으로 집의 터도 중요하다. 집터를 양택이라고 하고 이를 양기풍수라고 하며, 집터가 음택인 묘지처럼 집안 사람들의 길흉화복에 영향을 미친다고 여기는 것이다. 하회의 집들을 조금이라도 눈여겨보게 되면 다른 마을과 커다란 차이를 보이는 것을 알 수 있다. 그것은 집의 방향이 동서남북 제각각이라는 사실이다. 마을에서 가장 중심부에 자리잡고 사회적, 경제적, 정치적으로 지체가 제일 높은 집으로 알려진 양진당과 충효당, 북촌댁의 방향이 저마다 다르다. 양진당이 남향이라면 충효당은 서향이며, 북촌댁은 동향이다. 물론 북향인 집도 적지 않다. 이렇게 집이 한 방향으로 향하지 않고 사방 팔방으로 두루 흩어져 있는 까닭은 지세에 따른 풍수지리를 고려한 결과라 하겠다.

**집의 둘레로 이어지는 담장**  집의 방향이 제각각이듯 집과 집을 연결하는 길, 길을
만들어 주는 담장의 방향 또한 제각각이다. 흙돌담이나 토담 위에 기와를 얹은 담벼
락의 선이 하회 특유의 정취를 물씬 풍기게 한다.

**마을의 골목길** 하회의 마을길은 삼신당을 중심으로 방사선형으로 뻗어 있다. 이것은 집의 방향과 마을 터의 형국에 따라 자연스레 형성된 것이다.

이미 형국론에서 연화부수형이니 다리미형이니 하였듯이, 하회는 마을의 가운데가 가장 높고 가장자리로 갈수록 나지막하다. 집터의 기본은 뒤가 높고 앞은 낮아야 한다. 삿갓을 엎어 놓은 것 같은 마을 터에 골고루 집을 짓게 되면 자연히 마을 터의 중심을 등지고 가장 자리를 향하여 빙 둘러가며 집을 지을 수밖에 없다. 그러니 집의 방향이 제각각일 수밖에 없다. 마을길도 삼신당을 중심으로 방사선 형으로 뻗어 있는 것이 특징이다. 방사선형으로 난 길도 집의 방향 과 마을 터의 형국에 따라 자연스레 형성된 것이다. 결국 어느 집이 든 집의 뒤쪽은 산의 지맥에 닿아 있고 앞쪽은 멀리 강과 산을 바라 보게 된다. 집의 뒤꼍이 산줄기에 닿아서 자연과 실제로 이어져

**충효당 대청마루**  하회의 집들은 뒤쪽은 산줄기에 닿아 자연과 이어져 있고 사랑이나 대청은 산수가 바라보이게 되어 시각적으로 연결되어 있다.

있다면, 사랑이나 대청은 산수가 바라보이게 되어 시각적으로 자연과 접맥되어 있다. 안채가 뒤꼍을 중심으로 땅의 음기를 받아들인다면 바깥채는 사랑을 중심으로 산과 들의 양기를 통하게 하여 음양의 조화를 이루게 하였다.

그러나 집의 방향이 사방으로 휘둘러져 있는 것을 순전히 양택 풍수에 한정된 논리로만 이해할 수 없다. 왜냐하면 누구든 집 안에서 바깥을 내다봤을 때 좋은 경관을 보고 싶어하기 때문이다. 흔히 산 좋고 물 좋은 곳에 정자를 짓고 풍류를 즐기고자 하는 것과 같은 심정이다. 심지어 정자는 사랑을 독립시켜 둔 것이라 해석하기도 한다. 그렇다면 마을 터가 밋밋한 평지라고 하더라도 물돌이동의 특성상 집의 방향이 남향으로 일정할 수 없다. 수태극, 산태극이라

한 바와 같이, 강이 마을을 휘감아 돌고 산도 마을을 둘러싸고 있으므로, 사랑에 앉아서 화천의 흐르는 모습과 멀리 솟은 산을 정면으로 바라보려면 자연히 물길과 산의 흐름을 따라 집의 방향도 돌아가면서 터잡아야 할 것이다. 그러므로 집의 방향이 제각각이고 마을길이 방사선형으로 나 있는 까닭은 풍수지리적 차원 외에 경관 차원에서도 고려할 만하다.

## 마을의 옛 모습과 지금 모습

하회의 옛 모습은 두 갈래로 이해할 수 있다. 지금의 풍산 류씨세거지 이전의 하회 마을과 풍산 류씨가 세거한 하회 마을의 초기 모습이다. 먼저 터를 잡은 허씨들은 화산 남쪽 기슭의 거묵실골에 처음 터를 잡고, 다음으로 터를 잡은 안씨들은 화산 북쪽 기슭인 행개골에 모둠살이를 일구었다. 가장 마지막에 터를 잡은 류씨들은 지금의 하회 곧 화산의 산자락이 밋밋하게 화천까지 내려와 마무리된 하안(河岸)에 터를 잡았다. 따라서 하회의 마을은 지리적으로 화산을 배경으로 역삼각형을 이루면서 그 거점을 이동해 왔다. 도식화하면 그림 4와 같다.

배산임수를 고려하여 처음에 허씨들이 화산을 등지고 강을 앞에 끼고 화산 남쪽을 골라 먼저 터를 정했다. 예사 안목으로 보면 가장 좋은 길지이다. 다음에는 안씨가 들어오게 되었으나, 허씨가 이미 모둠살이를 이루고 있는 화산 남쪽 기슭은 넘볼 수 없다. 그래서

그림 4

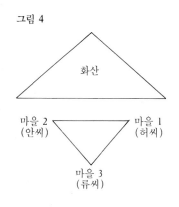

거묵실골을 피해서 화산의 북쪽 기슭인 행개골에 별도로 마을을 이루었을 것이다. 뒤늦게 하회로 들어오게 된 류씨들 역시 허씨와 안씨가 앞서 터잡은 화산 기슭을 차지할 수 없다. 화산 기슭과 멀리 떨어진 하안에 별도로 마을 터를 잡을 수밖에 없다. 허씨와 안씨의 모둠살이 사이 곧 화산의 탑골에 터를 잡을 만한데, 거기는 옛날에는 장안사가 있었고 지금은 연화사라는 절이 있다. 류씨들이 하회에 들어올 당시에는 고려 말기로서 불교가 강성하던 때이다. 절골에 마을이 쉽게 들어설 수 없는 상황이었다. 그러므로 지금은 마을 3인 하회동만 남아 있지만, 옛날에는 거묵실골과 행개골에 각각 마을이 형성되어 있었다고 한다면 하회의 옛 모습을 어느 정도 떠올릴 수 있겠다. 하회의 모둠살이가 성씨별로 어떻게 변해 왔는가 하는 것을 그림 1, 2와 같이 산과 강의 좌표 속에서 그려 보면 그림 5와 같다.

　지금은 거묵실골의 마을 1과 행개골의 마을 2는 허씨와 안씨들의 모둠살이들이 제각기 해체됨에 따라 모두 없어졌다. 지금은 화산 기슭의 들과 류씨들의 마을 3만 있다. 앞에서 보았던 그림 2와 같은

그림 5

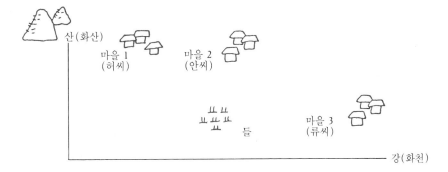

그림 6

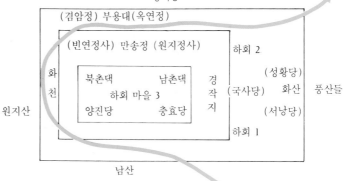

모습이다. 하회가 화산 기슭을 버려 두고서 화천에 맞닿아 있는 하안에 터잡은 까닭을 알 만하다. 들이 산과 마을 사이에 있고 마을이 들과 강 사이에 있는 하회의 지리적 특징도 새삼스레 이해할 수 있다. 하회의 마을을 둘러싸고 있는 다양한 경관들을 입면도로 추상화해서 나타내 보면 그 실상을 좀더 쉽게 이해할 수 있다.

그림 6에서처럼 하회 마을은 실제 살림살이 공간인 주거지를 중심으로 생산 활동 공간인 경작지 그리고 제의 및 여가 공간인 당집과 정사들이 일정한 권역을 이루고 분포해 있음을 알 수 있다.

다음은 류씨들의 마을 3 곧 지금의 하회 마을 옛 모습을 추적해 볼 수 있다. 마을 어른들의 말을 들어 보면 최근 두어 세대 전에는 남촌댁이 있는 바깥쪽 곧 마을의 동남쪽에 집들이 많았다고 한다. 이쪽을 이른바 웃하회라고 하는데, 아무래도 강에서 떨어져 있고 화산에 가까워 홍수의 피해가 적고 또 화산 자락의 논들에 인접해 있어 여러모로 생활에 편리한 지역이 아닌가 한다. 그럼에도 불구하고 근래에 와서 웃하회에 있던 집들이 특히 줄어든 것은 남촌댁의 위세와 관계가 있지 않는가 생각된다. 하회의 세력 분포는 겸암,

서애의 두 종가와 남촌, 북촌댁을 중심으로 이루어져 있는데, 지금 마을을 돌아본 바와 같이 남촌댁은 상당히 허물어져 있어 그 가세를 예처럼 잇지 못하고 있다. 남촌댁의 가세가 약화되자, 남촌댁을 중심으로 형성되어 있던 일가들과 권솔들의 세력이 약화되게 마련이다. 그 결과 지금 웃하회의 집터들이 경지로 많이 바뀌었다. 밭둑에 서 있는 감나무들이 옛집터였음을 증거하고 있다. 그리고 교회가 웃하회 쪽에 자리를 차고 들어설 수 있었던 사실도 남촌의 퇴락과 관련이 있을 법하다.

하회가 한창 번성하던 때는 남촌댁 주위에도 집이 즐비했다. 따라서 어른들 가운데에는 웃하회의 번성하던 모습을 아쉬워하는 분들이 더러 있다. 객지로 나가 살던 사람들이 다시 마을에 집을 지으면서 마을 입구 쪽이나 북촌댁과 삼신당 근처에 다투어 새 집을 커다랗게 짓는 것을 보고 역사깊은 옛 마을의 경관을 해칠 뿐만 아니라, 문화재급 건축물들의 자랑스런 위용을 훼손할 염려가 있다고 걱정하는 한편, 하회의 옛 모습을 회복시키기 위해서도 새로 집을 지을 때는 마을의 동남쪽 곧 웃하회에 짓는 것이 좋겠다고 말한다.

하회의 옛 모습을 말해 주는 별칭이 있다. 하회의 주산은 화산이고 하회의 수구맥이는 화천이다. 하회의 별칭도 꽃과 관련이 있다. 하회에는 옛날에 배나무가 많아서 늦은 봄이면 배꽃으로 온 마을이 하얗게 뒤덮일 정도라고 했다. 배나무를 정원수로 썼던 것이다. 그래서 하회를 '이화촌(梨花村)'이라고들 일컬었다고 하나 지금은 많이 달라져 정원에 배나무를 찾아볼 수 없다. 특히 새로 지은 집에 정원을 신식으로 조성하면서 향나무를 많이 심었다. 향나무의 포자 때문에 배나무는 상대적으로 위축된다. 사과나무도 제대로 자랄 수 없다. 과수 나무가 곤욕을 치르는 셈이다. 이러한 사정을 잘 아는 어른들은 하회의 옛 정서를 되살리기 위해 이화촌의 모습을 복원하고자 하는 소망을 내심 간직하고 있다.

# 하회의 역사와 성씨들의 세거

## 입촌사를 말해 주는 이야기들

마을의 역사를 기록해 둔 자료는 거의 없다. 마을사라고 이름 붙일 만한 역사책이 없다는 말이다. 역사책과 기록 자료가 없다고 해서 마을사 이해를 포기할 수는 없다. 이미 마을의 형상과 지리적 분포 과정을 통해서 마을의 대체적 역사를 가늠할 수 있었듯이, 구전되는 전설과 문집의 단편적 기록들을 통해서도 마을사를 이해할 수 있다. 하회의 역사는 세 성씨들의 교체가 대강을 이룬다. 세 마을이 성씨에 따라 저마다 다른 시기에 모둠살이를 형성하고 그 흥망 성쇠가 교체되면서 지금에 이르고 있다.

"허씨 터전에 안씨 문전에 류씨 배판(杯盤)에"라는 말이 이러한 마을의 역사를 단적으로 전해 준다. 김해 허씨가 터를 닦아 놓으니 그 위에다가 광주 안씨가 집을 짓고 풍산 류씨는 안씨 집 앞에서 잔치판을 벌였다는 뜻이다. 말을 바꾸면 허씨들이 처음으로 하회 마을을 개척했고, 이어서 안씨들이 문중을 이루었으며, 류씨가 잔치판을 벌이고 흥청거릴 정도로 가문이 번성했다는 말이다. 다행히 이들 세 집단들의 이야기가 저마다 전하고 있어서 옛사정을 추적하는 데 도움이 된다. 가장 먼저 터를 잡은 허씨들의 허도령 전설부터 본다.

옛날에 마을의 허도령은 꿈에 서낭신의 계시를 받고 탈을 만들기 시작했다. 탈을 만드는 곳에는 다른 사람들이 출입할 수 없도록 금줄을 치고 매일 목욕 재계하며 지극 정성을 들이는 가운데 탈을 만들고 있었다. 그런데 허도령을 몹시 사모하는 김씨 처녀가 있어, 그 사모하는 마음을 억누르지 못하고 하루는 허도령의 얼굴이나마 가만히 들여다보고 싶어서, 금기를 깨고 금줄을 넘어서 탈막 안을 엿보았다. 입신 지경에서 탈을 깎고 있던 허도령은 그 길로 피를 토하고 쓰러져서 숨을 거두고 말았다. 그런 까닭에 마지막으로 깎고 있던 이매탈은 제대로 마무리할 수 없어서 턱이 없는 탈이 되고 말았다. 허도령이 죽자 처녀도 번민하다가 따라 죽었다. 마을에서는 김씨 처녀의 넋을 위로하기 위하여 화산의 상당에 서낭신으로 모시고, 허도령의 영혼은 큰고개 성황당에 모시고 해마다 제사를 올렸다.

이 전설을 통해서 토착 주민인 허씨가 탈을 다듬었다는 것을 알수 있다. 나아가서 별신굿의 형성과 탈춤의 전승은 안씨가 이 마을에 입주하기 전에, 허씨들이 마을에 터잡고 살 때부터 이루어졌다는 것을 말해 준다. 서낭당과 같은 동신당들이나 동제와 같은 여러 공동체 단위의 제의도 허씨들에 의해 주도되었다고 하겠다. 그러므로 지금까지 전승되는 이들 문화적 전통들은 이미 고려 중기 이전의 허씨들에 의해 틀거리를 잡아둔 것일 터이니, 확실한 전거는 찾을 길 없으나 허씨들의 문화적 역량의 수준이 상당했음을 짐작할 수 있다. 광덕동 건짓골에 있다고 하는 허정승(許政丞) 묘가 이러한

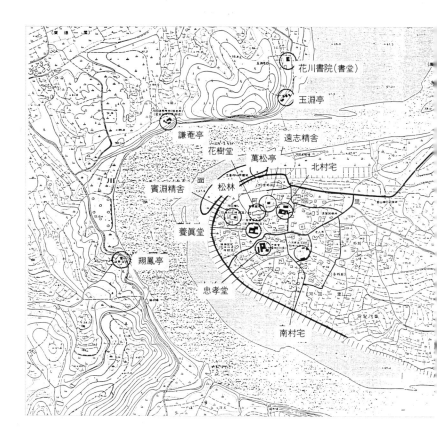

추론을 뒷받침하는 또 하나의 보기가 되겠다.

　서낭당의 당신이 된 처녀는 당시 17세로서 무진생 의성 김씨로 알려져 있다. 그래서 '무진생 서낭님' 또는 '김씨 할매'라고 일컬어지며 축문에는 '戊辰生城皇님'으로 기록한다. 친정은 하회의 이웃 마을인 월애(풍천면 인금동 다릿골)이며 외가는 갈밭(풍천면 갈전동)이다. 더러 별신굿을 할 때 친정이나 외가에서 초청을 하게 되면 그 마을에 가서 탈춤을 추기도 했다. 당시에는 이웃에 있는 의성 김씨들과 허씨들 사이에 문화적 교류가 있었다는 것을 말해 준다.

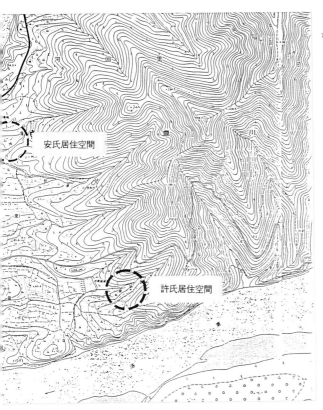

安氏居住空間

許氏居住空間

**하회의 세 성씨들 주거 공간** "허씨 터전에 안씨 문전에 류씨 배판에"라는 말은 하회의 마을사를 단적으로 말해 준다.

고려시대 때 가난한 안씨 부부가 들일을 마치고 돌아오는 길에 쓰러져 있는 행각승을 만났다. 안씨 부부는 이를 가엾게 여기고 집으로 데리고 와서 살림살이가 빈곤함에도 불구하고 알뜰하게 구완을 해주었더니, 건강을 회복한 스님이 고마운 뜻의 보답으로 명당을 하나 잡아 주겠다고 했다. 그러면서 '후손에 삼정승이 나는 명당과, 당년에 천 석을 하는 명당 가운데 하나를 고르라'고 했다. 살림이 워낙 찌들린 터이라 당년에 천 석 하는 명당을 원했더니, 묘터를 하나 잡아 주는 것이었다. 안씨 부부는 스님이 정해 준 자리에 부모의 묘를 이장했는데, 그해 여름에 장마가 지고 물길이 바뀌더니 묘 아래쪽, 지금의 섬들에 드넓은 개펄이 생겨 들을 이루었다. 안씨 내외가 그 들에 피를 뿌렸더니 그해에 천 석을 수확하게 되자, 사람들은 안씨 묘를 일컬어 '피천석묘'라고 일컫게 되었다.

이 전설에서 우리는 안씨들의 삶의 거처와 경제적 기반을 가늠할 수 있다. 아무래도 화산 자락의 따뜻하고 넓은 양지 쪽에 있는 허씨들의 거묵실골과 장안사의 탑골을 피해서 북서쪽 기슭에 자리잡을 수밖에 없었다는 것을 전설 속에서 다시 확인할 수 있다. 안씨의 묘를 섬들 위의 산에 썼다고 하는 것은 바로 그들의 삶의 영역이 어디쯤이었다는 것을 말해 주기 때문이다. 그리고 경제적 기반도 화산 자락의 논들보다는 북쪽 기슭에 개펄로 이루어진 섬들을 통해서 마련했다는 사실이 안씨들의 형편을 짐작하게 한다. 그리고 삼정승이 나는 명당보다 당년에 천 석 하는 명당을 택했을 뿐 아니라, 그것도 쌀 천 석을 거두지 못하고 피 천 석을 거두었다는 사실이, 이러한 사정들을 더 구체적으로 말해 준다. 후대의 장기적인 전망보다 우선 피 천 석이라도 거두어 넉넉하게 먹는 것에 만족할 수밖에 없을 정도로 쪼들렸던 셈이다. 그 까닭은 이미 허씨들이 터잡은 곳에 뒤늦게 정착하면서 불리한 입지를 택한 탓이라고 볼 수 있다.
안씨로서는 진작부터 남쪽의 좋은 땅을 가려서 마을을 이루고 있는 허씨들의 세력에 밀릴 수밖에 없다. 그리고 화산 가운데를 점유하고 있는 연화사의 영역까지 피해서 터를 잡고 농지를 개척해야 할 처지이다. 그러자니 척박한 곳을 택할 수밖에 없었던 것이다. 그럼에도 불구하고 경제적 기반을 형성하고 가문을 이루며 마을을 지탱한 것은 개펄에 의해 형성된 섬들 덕이라고 하겠다. 그러면 가장 마지막에 입주해 온 풍산 류씨들은 어떠했을까?

**하회 마을 전경**  허씨와 안씨의 뒤를 이어 가장 늦게 하회에 입촌한 풍산 류씨들은 동성 마을을 이루어 현재는 하회의 중심부를 점유하고 있다. 이처럼 류씨의 가문이 번성할 수 있게 된 배경에는 그들 선조들의 정성어린 적선 공덕으로 길지를 잡을 수 있었다는 풍수지리설의 해석이 크게 작용하고 있다.

# 하회의 마을사와 풍산 류씨 세거

하회는 오랜 역사를 지닌 마을이다. 화산 기슭에서 출토되는 토기류나 신라 때 절인 장안사의 유물로 보이는 탑파(塔婆)들 그리고 고려 초기까지 거슬러 올라갈 수 있는 별신굿 또는 하회탈 등을 고려하면, 풍산 류씨들이 터를 잡기 훨씬 이전부터 화산 기슭에 사람들이 모둠살이를 이루고 살았다. 고려 초기부터 허씨가 마을을 개척하고 뒤에 안씨가 들어와 문중을 이루고 살았으며, 고려 말에 지금의 풍산 류씨들이 입향하여 조선 중기부터 마을을 석권하기 시작했다고 본다. "허씨 터전에 안씨 문전에 류씨 배판"이라는 구전의 역사가 이를 입증해 주는데, 이웃 마을 광덕동의 건짓골에 허정승 묘가 있어 하회 사람들이 매년 벌초를 해줄 뿐 아니라, 하회탈을 깎았다는 허도령 전설을 두고 보더라도 구전 역사를 사실로 믿어도 좋다. 그리고 안씨들의 경우도 '피 천 석' 전설 및 족보를 통해 확인되고 있으며, 1960년대까지 안씨 한 가구가 하회 마을에 살다가 하회 2동 현외로 이사를 갔다고 한다.

17세기 중엽까지만 하더라도 동원록(洞員錄)에 허씨 몇 사람과 안씨 소수가 함께 수록되어 있어 조선 중기까지는 이들 세 성씨가 마을에 함께 살았던 것을 알 수 있다. 하회에 입촌한 순서에 따라 허씨, 안씨, 류씨들이 차례로 마을을 석권하며 마을의 중심부도 성씨별 모둠살이에 따라 이동되다가, 같은 순서로 쇠퇴하기 시작하여 지금은 류씨들이 동성 마을을 이루어 현재의 마을을 하회의 중심부로 점유하고 있는 것이다.

풍산 류씨들이 하회에 자리잡기 시작한 것은 고려 말이다. 겸암과 서애의 6대조인 전서공(典書公) 류종혜(柳從惠)가 풍산 상리(上里)에 세거하다가 길지를 찾아 자리를 잡은 것이 지금의 하회 마을이다. 사실 류씨들이 하회에 세거지를 마련한 것은 전서공이 마을에 들어와 터를 잡기 훨씬 이전부터 준비되었다. 전서공의 할아버지이자 고려의 도염서령(都染署令)이라는 벼슬자리에 있던 류난옥(柳蘭玉)이 풍수에 밝은 지사(地師)를 찾아가서 택지를 구한 데서부터 비롯된 것이다. 이때 지사는 3대 동안 적선을 한 뒤라야 훌륭한 길지를 구할 수 있다고 하여 류서령은 하회의 마을 밖 큰 길가에 관가정(觀稼亭)이라는 집을 짓고, 지나가는 나그네들에게 적선을 베풀었다. 이 일은 아들과 손자 곧 전서공대까지 계속되어 그 적선의 공덕으로 마침내 길지를 잡아 지금의 하회에 정착하게 되었다.

화천의 하안(河岸)에 터를 잡을 당시에는 이 일대에 울창한 숲과 늪으로 밀림을 이루었다고 한다. 지금의 삼신당 곁에 절이 하나 있었지만, 호랑이가 자주 나타나서 중들이 견디지 못하고 떠나 버려 폐절이 되었다는 전설이 전한다. 그 절에 있었던 것으로 보이는 탑신(塔身)들이 아직 삼신당 주변에 한둘 흩어져 있는 것이 좋은 증거이다. 기록에 의하면 전서공이 친히 답산을 한 뒤에 화산 주변의 허씨와 안씨의 묘지를 피하여 울창한 숲을 헤치고 연사(硯寺) 곁에 터를 잡고 숲을 베어 재목으로 삼아 집을 짓기 시작하였으나, 완성이 채 못 되어 거듭 무너지자, 지나가던 도사가 "아직 이 땅을 가질 운세가 아니니, 꼭 이 땅을 가지고 싶다면 앞으로 3년간 덕을 쌓고 적선을 해야 할 것"이라고 일러 준다. 이에 큰고개 밖에 정자를 지어 놓고 식량과 옷가지, 짚신 등을 마련하여 큰 가마솥에다가 밥을 하여 인근 주민과 나그네들에게 먹이고 입히며 적선하기를 3년을 마쳤다. 그런 연후에 집을 이룬 것이 지금의 양진당 사랑채 일부라고 한다. 전설과 기록이 그리 다르지 않다.

전서공이 길지를 잡아 발복을 한 까닭인지 점차 류씨들의 가문이 번성하고 겸암과 서애 이후 대단한 문벌을 이루게 되자, 화산 기슭의 허씨와 안씨들은 상대적으로 문중이 위축되고, 마을을 뜨는 사람이 늘어나게 됨으로써, 결국 하회 마을은 화산 기슭에서 지금의

화천가 하안에 자리잡은 류씨들의 세거지로 중심을 이동하게 되었
다. 숭정(崇禎) 8년(1635)과 15년(1642)의 동원록(洞貟錄)에 한두
사람의 허씨가 수록되어 있고 안씨들은 제법 여럿이 수록되어 있
어, 이때까지 허씨와, 안씨가 함께 공존했음을 알 수 있으나 현재는
한 가구도 남아 있지 않다.

　전서공은 풍산의 대부호로서 하회에 이주해 오기 전에 같은 전서
의 직책에 있었던 흥해 배씨〔諱는 尙泰〕와 절친하게 지냈다. 배전서
공은 집이 늘 가난하여 류전서공이 생계를 보살펴 주었는데, 길지를
잡아서 하회로 이주하게 되자 배공의 생계가 막연함을 알고, 함께

**양진당 사랑채 대청**　기록에 의하면 류씨의 선조들은 하회에 모둠살이를 이루기 위해
오랜 세월을 적선하였으며, 그런 뒤에 집을 이룬 것이 지금의 양진당 사랑채 일부라
고 한다.

하회로 옮겨와 종전처럼 우의를 나누었다고 한다. 따라서 16세기까지는 배씨와 그들의 사위들이 함께 살았으므로 이때까지만 해도 하회는 이성(異姓) 잡거촌이었다. 16세기 말에서 17세기에 들어오면서 성리학적 가부장제가 확립되고 장자 중심의 재산 상속이 이루어지며 제사도 장자가 맡게 됨에 따라 점차 동성 마을이 형성되어가기 시작한다. 이것은 우리 마을사의 일반적인 추세이다. 하회도 이 고장의 다른 동성 마을처럼 17세기 이후에야 비로소 동성 마을이 형성되었다.

물론 동성 마을이라 하여 류씨들만 거주한 것은 아니다. 류씨들의 가문에 딸려 있는 각성바지들이 함께 거주했다. 다만 이들은 문중을 갖추지 못했을 뿐더러 마을의 의사 결정에 참여할 수 없었으므로, 고려되지 않았을 따름이다. 다른 동성 마을의 경우도 마찬가지이다. 특정 성씨가 수적으로 다수일 뿐 아니라, 마을의 지배 집단 구실을 할 때 동성 마을이라 일컫는 것이다.

하회의 마을사를 통해서 우리는 몇 가지 사실을 알 수 있다. 혈연 공동체와 지연 공동체가 상당한 일치를 보이며 일정한 지역에서 모둠살이를 하다가, 다른 성씨들이 이주해 와서 번창하게 되면 상대적으로 위세가 꺾이게 된 선주민 공동체는 해체될 뿐 아니라, 이주민에 의해 마을의 공간적 이동도 가능하게 된다는 것이다. 지연과 혈연의 연대가 중요하게 작용하는 셈이다. 또 하나의 사실은 아무리 위세가 있는 가문이라도 남의 마을에 이주해 들어갈 때에는 선주민의 합의를 얻어 내기 위해서 여러 가지 호의를 베풀고 언행도 삼가할 뿐 아니라, 그 마을의 전통을 존중하고 따라야 한다는 사실이다. 특히 입향 시조가 3년 동안, 심지어는 3대 동안 마을 길목에 원두막을 짓고 마을 사람들을 위해 적선을 했다는 전설과 화산 기슭의 안전한 터전을 차지하지 못하고 화천의 범람을 무릅쓰며 강변에 마을을 이룬 것 등이 이러한 사실을 잘 말해 주고 있다.

# 인물과 문물 그리고 문중 조직

## 겸암 류운룡과 서애 류성룡

하회는 조선조 중기 이후 풍산 류씨 세거지로서 경향 각지에 국반(國班)으로 널리 인정받으면서, 명문 세가의 한 상징적 마을로 또는 유교 문화의 전형적 마을로 주목받게 되었다. 그러한 결정적 계기는 겸암과 서애로부터 마련된다. 겸암은 퇴계가 향리 도산에 서당을 열었을 때 제일 먼저 찾아가 배움을 청하였을 뿐 아니라, 퇴계 또한 그의 학문적 재질과 성실한 자질에 감복하여 총애가 끊이지 않았다. 부용대 남쪽 기슭에 정사를 지어 학문에 정진할 때 '겸암정사(謙庵精舍)'라는 이름을 지어 준 것도 퇴계였으며, 겸암은 그 이름을 귀하게 여겨 자신의 호로 삼았다.

겸암정사에 묻혀 학문에 심취해 있던 겸암은 30대 들면서 정부에 기용되어 의금부도사, 한성판관, 원주목사 등을 지냈으나, 부모를 모시기 위해 몇 차례 관직에서 물러났다. 이를테면 '사복시첨정(司僕侍僉正)'으로 지낼 때 임란이 터지자 당시 좌의정이었던 아우 서애는 임금을 모시고 서울을 떠나게 되었고, 공은 벼슬을 그만두고 팔순 노모를 업은 채 권속을 거느리고 왜적 떼와 도둑을 피해 밤낮으로 오솔길을 더듬어 고향 하회에 돌아와서 노모를 모셨다.

57세 되던 해 가을 원주목사 자리에 있었으나 노모를 위하여 사직하고 다시는 벼슬에 나아가지 않으려 했다. 임란이 끝난 지 3년 만에 병이 나서 점차 악화되자, 집안 사람들에게 "내가 아침 저녁으로 어머님께 문안 인사를 못 드린 지 오래이므로 어머니께서 걱정하실 터이니 물으시면 병세가 점점 회복되어 간다고 여쭤라" 며 당부할 정도로 효행이 지극했다. 저서로는 「겸암집」과 「오산지(吳山志)」 외에 여러 권의 책을 남겼다.

서애는 겸암의 아우로서 임진왜란의 국난을 슬기롭게 극복한 선조조의 명신이자 퇴계의 학통을 이은 학자이다. 21세 때 형 겸암과 도산서당을 찾아가 퇴계의 문하에서 공부하였으며, 23세에는 사마시(司馬試)의 생원, 진사 양과에 합격했으며 이듬해 성균관에 입학 25세 되는 해에 문과에 급제했다. 어버이의 뜻을 좇아 관계에 진출하였으나 고향의 전원과 독서를 즐겨 여러 차례 사직하여 물러났다.

그 동안의 경과를 간추려 보면, 43세에 예조판서에 올랐으나 이듬해에 물러나 부용대 기슭에 옥연정사를 짓고 독서하며 후진을 길렀다. 3년 뒤에 다시 형조판서로 제수되어 조정에 나아간 뒤에 50세 되던 해 좌의정에 올라, 일본의 침략 의도에 맞서 진관법(鎭管法)을 건의하는 등 여러 가지 대책을 세우나 먹혀들지 않았다. 선조 25년 4월 일본이 침입하자 조정에서는 좌의정인 서애에게 병조판서를 겸임시키고 도체찰사(道體察使)로 임명하여 서애는 명실공히 전시 행정의 총수가 된다.

왜군이 신무기를 앞세우고 공격해 오자 아무런 대책이 없었던 아군들은 파죽지세로 밀리게 되어 조정이 위태로운 지경에 빠지게 되었다. 도성의 함락이 목전에 이르자 선조는 한양을 버리고 북으로 피란길에 오르는데, 그 향방이 분분할 때 서애는 "만일에 임금이 한 걸음이라도 우리 땅을 떠나게 되면 조선은 잃고 만다"며 의주

(義州)로 가서 끝까지 본토를 사수해야 한다고 주장하여 선조가 따르도록 한다. 피란중에도 당쟁이 끊이지 않아 당시 영의정이던 이산해(李山海)가 탄핵을 당하고 그 후임으로 서애가 영의정에 오르나, 다시 반대당의 배척을 받아 당일 저녁에 해임된다. 그러나 선조의 신임을 받아 계속 동행하며 피란길의 어려운 고비를 넘기는 데 여러모로 공헌하고, 明나라의 원군을 맞이하여 왜군 퇴치 작전을 세우는 데 이바지하는 등 혁혁한 공을 세운다. 다시 평안도 도체찰사 및 호서, 호남, 영남의 삼도 도체찰사에 임명되었으며 한양이 수복되어 환도한 뒤에는 영의정에 오른 동시에 경기, 평안, 황해, 함경도의 4도 도체찰사를 겸임하게 된다.

새로 훈련도감을 설치하여 군대 훈련을 강화하고 연병규식(練兵規式)을 반포했으며 조총 등의 신무기를 연구하여 만들게 하는 한편, 남한산성을 비롯한 여러 산성을 수축하고 조령(鳥嶺)에 둔전(屯田)을 두고 충주 방어를 엄중하게 하여, 왜적의 침입에 만반의 준비를 갖추었다. 임란이 끝나기 한 달 전에 서애는 상대당의 모함을 받아 정계에서 물러나 57세의 나이에 고향으로 돌아온다. 뒤에 서애의 무고함이 밝혀져 공신으로 직첩이 내려지고, 조정에서 공신의 초상을 그린다 하여 두 차례나 사람이 내려왔으나 "내게 무슨 공이 있겠느냐"고 하며 끝내 초상을 그리지 못하게 할 정도로 겸허하였다. 벼슬길에 나아간 지 30년, 재상의 자리에만 10년을 있었으나 청빈하여 끼니를 잇기가 어려울 만큼 가난한 생활을 하며, 임란의 참담했던 일을 기록하여 「난후잡록(亂後雜錄)」과 「징비록(懲毖錄)」을 저술하였으며, 성리학에 깊은 연구를 하여 퇴계 학맥의 한 갈래를 이루는 여러 저술들을 남겼다.

겸암, 서애 형제를 통해서 퇴계의 학통이 이어지는가 하면 많은 인재들이 배출되었다. 겸암, 서애 형제를 기점으로 하회의 류씨 가문은 자연히 번성하여 인물이 끊이지 않았고 그 문적과 유물, 유적, 고가옥이 상당수 남아 있으며, 성리학의 전통과 유가적 의례 양식도

최근까지 잘 전승되고 있다. 물론 양반의 위세를 유지할 만한 물적 토대도 충분히 확보되어 있었다. 인근 지역에서 가장 넓은 풍산들이 대부분 류씨들 소유이며, 이 밖에도 가까운 이웃의 토지 상당 부분이 류씨들의 소유로 되어 있었다.

현재 하회 마을 안에 있는 토지로는 화산 자락의 것이 대부분이다. 화산 자락의 남쪽으로부터 차례로 윗들, 향교골, 탑골 등에 9백여 두락이 있고 큰고개 좌측의 협곡 지대인 노가리에 70여 두락이 있다. 50년대 초반까지는 부용대 건너편의 섬들에도 3백여 두락이 있었으나 화천의 물길에 따라 들이 거의 사라져 버렸다. 그러나 마을 안의 토지만으로는 대종가 둘과 남, 북촌댁의 위세 그리고 대단한 문벌들의 위세를 유지하는 데에는 턱도 없는 토지들이다. 하회 사람들의 구전에 의하면 "뻘이 있으면 부자가 나고, 뻘이 없으면 인물이 난다"는 말이 있다.

사실 하회는 산과 강으로 휩싸여 있는 오지나 다름없다. 안씨들은 피 천 석 묘를 쓰고 섬들에 피 천 석을 거두어서 경제적 여유를 누렸겠으나, 뒤늦게 입주한 류씨들은 산간 오지에서 토지를 확보할 길이 없다. 구전대로 경작지가 없는 상태에서는 학문에 정진하여 중앙 정계로 진출하는 것이 신분 사회에서 경제적 여유를 획득하고 가문을 일으키는 유일한 길이다. 안동군 임하면 치례동과 같은 오지에서 명문 세가를 이룬 것도 같은 맥락에서 이해할 만하다. 류씨들 가운데 출중한 인물들이 많이 배출된 것도 이런 시각에서 해석될 수 있다.

그러나 류씨들은 사정이 조금 다르다. 원래 풍산 상리(上里)에서 고려 중기까지 호장(戶長)을 세습하면서 토성(土姓) 이족(吏族)으로서 확보해 왔던 경제적 기반을 갖추고 있었다. 당시에는 풍산들의 대부분을 소유했다고 한다. 그러나 풍산을 떠나 하회로 이주함에 따라 풍산들의 토지를 계속 유지할 수 없는 상황에 이른다. 하회로 들어오기 위해 3년 동안 적선했다는 사실도 토지의 손실을 입증하는 자료가 된다. 그러나 하회에 터를 잡고 가문을 이루기 시작하면서부터 중앙 정계에 진출하게 되고 조선조의 명문 거족(名門巨族)으로 다시 득세를 함에 따라, 고려 때 풍산서 누렸던 경제적, 사회적 지위를 함께 다지게 된 것이다. 추수철이 되면 인근 마을에서 소작인들이 곡식을 바리바리 싣고서 하회로 들어왔다고 하니 그 사정을 짐작할 만하다. 구한말까지 계속 유지해 오던 경제적 기반은 해방 뒤 토지 개혁으로 일정한 타격을 받는다. 자연히 토지를 기반으로 한 경제력이 약화되었으나, 최근에는 마을 출신 인사들 다수가 재계 및 관계에 진출하여 마을의 경제력과 사회적 지체를 다시 회복하고 있다.

## 영모각에 보존된 문헌과 유물들

하회에는 각종 유적과 유물이 많이 남아 있으며, 유가적 전통이 고스란히 이어지고 있다. 유적들은 하회의 집과 서원, 정자 등이 중심을 이룬다. 유물들은 주로 서애가 남긴 것으로 현재 영모각(永慕閣)에 잘 전시되어 있다. 영모각은 1965년 9월에 착공하여 이듬해 6월에 준공한 서애의 유물 전시관이다. 유물을 모두 보존 전시하기 어려울 정도로 협소하여 1975년에 다시 지어서 지금에 이른다. 우선 영모각에 전시되어 있는 유물들을 구경한 다음, 류씨 문중의 유가적 전통이 어떻게 이어지고 있는가 하는 것을 보기로 한다.

영모각에는 「징비록」을 포함한 많은 옛 문헌과 고문서 및 각종 유물들이 소장되어 있다. 서애가 직접 저술한 저작과 류씨들의 문집 외에 퇴계학파의 여러 문집들이 두루 갖추어져 소장되고 있다.

「징비록」과 함께 서애가 저작한 책들이 많다. 임란 동안 영의정, 도체철사, 비변사 등으로 있으면서 왕에게 건의한 문서를 수록한

전통 사회에서 조상들에 관한 제례를 어떻게 했는가 하는 구체적인 현장을 보려면 하회의 불천위 제사와 문중시사를 주목할 필요가 있다. 불천위 제사와 문중시사의 일자를 정리해 보면 다음과 같다.

| 시호(諡號) | 휘(諱) | 대수(代數) | 일자 |
|---|---|---|---|
| 입암공(立巖公) | 류중영(柳仲郢) | 풍산 류씨 12세 | 7월 12일(8월 20일) |
| 귀촌공(龜村公) | 류경심(柳景深) | 풍산 류씨 12세 | 6월 1일(7월 20일) |
| 파산공(巴山公) | 류중엄(柳仲淹) | 풍산 류씨 12세 | 12월 24일(4월 7일) |
| 문경공(文敬公) | 류운룡(柳雲龍) | 풍산 류씨 13세 | 3월 4일(9월 15일) |
| 문충공(文忠公) | 류성룡(柳成龍) | 풍산 류씨 13세 | 5월 5일(7월 24일) |

하회의 인물이지만 현재 후손들이 상주에서 불천위 제사를 올리는 수암공(修巖公)은 제외시켰다. 모든 일자는 음력으로 표기되었다. 괄호 안의 일자는 불천위로 모신 분들의 부인들 제사 날짜로서 여전히 불천위 제사를 올린다. 그러므로 하회에서는 현재 일년에 10차례의 불천위 제사가 드는 셈이다. 다만 파산공은 하회 이웃의 광덕동에서 모셔지고 있으나, 하회를 경유하여 찾아갈 수 있다.

풍산 류씨 하회 종가에는 한 집에서 세 분이나 불천위가 탄생했다. 입암공과 문경공, 문충공 형제가 모두 불천위로 모셔지는 것이다. 큰종택인 양진당에는 불천위가 1위 이상이므로 따로 별묘(別廟)라고 하는 별도의 사당에 모신다. 문경공과 문충공의 선친인 입암공 신위는 양진당의 대묘(大廟)에 모셔 두고, 아들 형제 가운데 형인 문경공의 신위는 양진당의 별묘에 모셔 두었으며, 아우인 문충공의 신위는 작은 종택인 충효당의 대묘에 모셔 두었다. 불천위 신주를 모신 사당을 특히 부조묘(不祧廟)라 하여 사당 안에 신주를 봉안하는 감실이 다섯 칸 있다.

문중 단위로 하는 문중시사는 안동에서 회전시사(會奠時祀)라고도 한다. 각 문중의 파시조들에 관한 묘사는 그 후손들이 두루 모이기 때문에 사사로이 지내는 묘사와 달리 위토(位土)와 재실(齋室)

**불천위 제사**  불천위란 학문이 탁월하고 많은 인재를 길러 낸 대학자나 나라의 종묘
사직을 지킨 충신, 후세 사람들의 귀감이 될 탁월한 행적을 남긴 사람들에 한하여
나라에서 왕이, 또는 유림에서 추대하여 불천위로 인정하는 것이다. 따라서 아무나

되는 것이 아니므로 불천위가 있다는 것은 가문의 최고 명예를 보증하는 것이다.
하회 마을에는 이러한 불천위가 다섯 분이나 되며 이들 불천위 제사는 4대조까지만
올리는 일반적인 제사의 관례와는 달리 끊임없이 계속된다.(옆면, 위)

이 마련되어 있으며, 고지기가 재실에 살면서 위토를 경작하고 묘사에 따른 여러 심부름을 맡아서 하기 일쑤이다. 이런 경우 반드시 유사(有司)가 있어서 위토와 재실을 관리하고 고지기를 감독하여 묘사에 차질이 없도록 한다. 회전시사에는 후손들이 널리 참여할 수 있도록 하기 위해 묘사 일자도 고정적으로 잡아 두었다.

10세 진사공(進士公) 류자온(柳子溫) ┐
12세 입암공(立巖公) 류중영(柳仲郢) ┤ 9월 28일 : 안동군 서후면
 〃  귀촌공(龜村公) 류경심(柳景深) ┤      능동
 〃  파산공(巴山公) 류중암(柳仲淹) ┘
13세 문경공(文敬公) 류운룡(柳雲龍) ─ 10월 6일 : 안동군 풍천면 하회
13세 문충공(文忠公) 류성룡(柳成龍) ─ 10월 1일 : 안동군 풍산읍 수동

회전시사 가운데에는 안동 하회의 인근 지역을 벗어나서 묘소가 있는 곳도 더러 있으나 여기서는 보기로 들지 않았다. 이 밖에도 설과 단오, 한식, 추석, 중구, 동지 때 묘 또는 사당에서 차례를 올렸는데 최근에는 약화되었다. 하회 고유의 전통 제사로 사제사(賜祭祀)라는 것이 있다. 문충공 서애의 제사에는 역대 왕실에서 문충공의 임진왜란 때 세운 혁혁한 공을 기리기 위하여, 매 임진(壬辰)년마다 제문과 제수(祭需)를 갖추어서 제관을 내려 보내 제사를 올리도록 하였는데 이를 '사제사'라 한다.

풍산 류씨 일가들을 묶어 주는 조직들로는 화수회(花樹會)와 족회소(族會所), 양로소(養老所), 종당계(宗堂契) 등이 있다. 이 가운데 화수회는 화수계(花樹契) 또는 대문회(大門會)라고도 하며, 류씨 일문을 대표하는 가장 광범위한 문중 모임이라 하겠다. 그러나 화수회가 본디 구실을 감당하기 어렵게 되자 족회소가 그 구실을 대신하

**능동 제각**   각 문중의 파시조들에 대한 묘사는 보통 사사로이 지내는 묘사와는 달리
위토와 재실이 마련되어 있다. 안동군 서후면 능동에 있는 입암공 류중영의 제각이
다.

고 있다. 족회소는 입암공과 겸암·서애 형제가 발의한 문중 조직이
었으나 지금은 대문회 구실을 하게 되었다.

　하회에 유가의 전통이 잘 유지되고 문물이 잘 보존된 까닭의 하나
를 이와 같은 문중 조직과 활동에서 찾을 수 있다.

**시제 지내는 모습**　문중 단위로 하는 문중시사인 회존시사에는 묘사 일자도 고정적으
로 잡아 두어 여러 후손이 널리 참여할 수 있게 하였다.

# 하회의 골목길과 예사 집들

## 거미줄 같은 방사선의 토담길

하회 마을의 길은 거미줄처럼 얽혀 있다. 마을의 지리적 중심부를 이루는 삼신당을 중심으로 동서남북 사방으로 길이 방사선형으로 뻗어 있어, 방천과 농로 또는 마을 바깥으로 나가는 길과 만난다. 그리고 마을 외곽을 순환하는 도로가 방천길 및 농로로 이어져 감싸고 있을 뿐 아니라, 마을 중심부의 순환도로 사이에 또 하나의 순환도로가 있어서, 결국은 방사선의 길과 몇 겹의 순환도로가 만나서 거미줄처럼 얽혀 있는 길이 마을을 일정한 영역으로 나누어 주고 있다. 이러한 길의 구조는 마을의 형상과 무관하지 않다.

예사 마을들은 주거지가 산기슭을 따라 가로로 길게 분포되어 있거나, 아니면 산의 골짜기를 따라 세로로 길게 분포되어 있게 마련이다. 산기슭에 가로로 분포되어 있는 마을에는 마을 앞의 통과 도로 외에 가로로 뻗은 마을 안길이 중심을 이루면서 빗살 모양으로 길이 나 있다면, 산골짜기를 따라 세로로 길게 터잡고 있는 마을은 마을 앞의 통과 도로에서 마을로 꺾어드는 골목길을 중심으로 좌우로 샛길이 나 있어 마치 나뭇가지 모양을 하고 있다. 집의 방향도 지세와 관계가 있다. 기슭의 마을은 대체로 길을 향해 남향을 이루게 되나, 골짜기 마을은 길과 남쪽을 고려해서 남동향이나 남서향을 이루기 쉽다. 그런데 하회는 산기슭이나 골짜기에 터잡지 않고 하안의 둔덕에 터를 잡았으므로 다리미 또는 연화부수형으로 주거지 분포를 이루고 있다. 자연히 길도 마을 중심부에서 방사선형으로 형성되어야 중심부와 주변부의 소통이 원활하게 될 것이며, 주변부와 주변부끼리 소통을 위해서는 방사선으로 난 길을 가로로 이어 주는 길이 몇 겹으로 형성되어 있어야 한다. 집의 방향도 제각각이다. 하회의 길이 거미줄처럼 얽혀 있는 까닭을 마을의 입지와 주거지 분포, 집의 방향 등을 통해서 이해할 수 있다.

방사선형의 길은 다른 시각에서도 해석이 된다. 본디부터 있던 지형을 그대로 이용하여 길로 삼았을 가능성이 높기 때문이다. 삿갓을 엎어 놓은 듯한 지세에 비가 오면 자연히 사방으로 작은 골짜기가 생기게 된다. 집은 골짜기를 피해서 둔덕에 지을 수밖에 없다. 그러면 남은 곳은 길이 된다. 삿갓봉에서 물이 방사선형으로 흘러내리듯 골짜기도 그렇게 형성되어 있고, 집터로 이용할 수 없는 그 골짜기가 곧 길을 이루게 되니 방사선형의 길을 이루는 것은 당연할 것 같다.

마을길이 방사선형의 체계를 이루면서도 길이 쪽쪽 곧은 것은 아니다. 골목길을 따라가 보면, 멀지 않은 곳에 담장이 눈앞을 막아서거나 담장 사이로 길이 휘어지면서 그 꼬리를 감추어 버리는 경우를 종종 본다. 그것은 길과 집의 방향이 일치하지 않기 때문에, 길이 집의 대문을 찾아 들어가려면 굽이를 틀 수밖에 없다. 마을의 골목길은 그 자체로 형성되는 것이 아니라, 집의 분포에 따라 집과 집을 이어 주는 소통 체계로서 형성되는 것이다. 집이 원형으로 분포되어 있으니 길이 방사선형으로 조성되듯이, 길이 집에 이르게 되면 집의 향에 따라 길도 방향을 바꿀 수밖에 없다. 길은 집의 출입구인 대문과 연결되어 있어야 하기 때문이다. 집의 후면부에 대문을 내지

않듯이 골목길도 집 뒤쪽으로 통하지 않는다. 집 뒤가 바로 길에
인접해 있어도 집과 같은 담장을 사이로 소통이 차단되어 있다.
따라서 대문을 찾아 들어가려면 뒤꼍의 담장을 길게 따라 돌아가서
집의 전면부인 대문 앞까지 가야만 한다. 하회의 집은 저마다 방향

**마을길** 골목길은 집과 집을 이어 주는 소통 체계로서 형성된다. 하회의 골목길은 마을
의 형상과 집의 분포에 따라서 방사선형을 이룰 수밖에 없지만 곧은 길이 아니라
담장 사이로 휘어지면서 꼬리를 감추어 버린다.

**토담** 하회의 담장이나 집치레에는 돌을 사용하지 않고 흙과 나무를 이용한다. 황토빛 색깔의 담장이 토속적인 인상을 진하게 풍긴다.(맨 위, 위)

이 다르다고 했다. 그러므로 길이 각 집의 방향에 따라 전면부의 출입구까지 이르려니 우회하며 돌아들 수밖에 없다. 길의 전체적인 체계는 집의 분포가 결정하지만 길의 흐르는 선은 집의 방향에 의해 결정되는 것이다.

집과 집을 경계지우는 것이 담장이라면, 집과 집을 이어 주는 것은 길이다. 그런데 길은 담장과 담장 사이에서 존재한다. 따라서 길의 흐름을 따져 보면 사실은 담장의 흐름에 의존해 있는 것이다. 그러므로 길이 막히는 듯하다는 것은 곧 담장이 눈앞에 막아선다는 뜻이요, 길이 곡선을 이루며 흐른다는 것은 담장의 선 또한 그렇다는 뜻이다. 그리고 길이 인상적이게 보인다는 것 역시 곧 담장이 인상적으로 보인다는 것과 유기적 관련을 맺고 있다.

담장의 유연한 흐름뿐만 아니라 누런 흙으로 이루어진 황토빛 색깔도 토속적인 인상을 물씬 풍긴다. 돌을 쓰지 않은 토담은 양쪽에 판자를 대고 나무틀을 짠 뒤에 그 속에다가, 작두로 썬 짚을 넣어서 반죽을 한 진흙을 채워 넣고 발로 다진 뒤에 굳어지면 판자를 뜯어 내어 완성한 것이다. 담쌓는 과정이 돌담보다 제법 번거롭고 힘들다. 그럼에도 불구하고 돌담이 귀하고 토담이 주를 이루고 있는 데에는 그만한 까닭이 있다.

첫째는 하회에 돌이 없다. 돌담을 쌓으려면 산의 암석으로부터 채취하거나 강변의 돌을 주워 와야 한다. 하회는 하안에 위치하므로 산의 암석을 채취해 오기도 어렵거니와 강변은 모두 모래톱이나 뻘로 형성되어 있어 돌 구경조차 하기 어렵다. 둘째는 풍수지리설 탓이다. 하회는 행주형이자 연화부수형이라고 했다. 배에 돌을 실으면 가라앉는다. 물 위에 뜬 연꽃에 돌담을 쌓으면 연꽃이 상한다. 우물을 파지 않고 화천의 물을 길어다 먹듯이, 돌담을 쌓지 않고 흙담을 쌓는 까닭도 여기에 있다. 흙담이기 때문에 관리에 정성을 기울여야 한다. 비를 맞게 되면 흙담은 쉽사리 무너진다. 담장에 지붕 못지않게 기와나 이엉으로 잘 이어 둔 까닭도 흙담이라는 재질적 특성 때문이다.

길이 방사선형으로 이루어져 있듯이 집의 방향도 특수하다. 대부분의 마을은 북쪽에 산을 등진 채 앞쪽에 강을 끼고 강 건너 멀리 앞산을 바라보고 있어, 자연히 남향집이 대부분이다. 그렇지 않은 도시의 집도 여름에 시원하고 겨울에 따뜻하게 지내기 위해 남향집을 짓게 마련이다. 그런데 하회 마을의 집들은 향이 동서남북으로 두루 향하고 있는 특이성을 보인다. 마치 길이 방사선으로 나 있듯이 집의 향도 마을의 중심부에서 외곽으로 방사선 형식으로 향하고 있는 것이다.

이것은 두 가지 시각으로 이해할 수 있다. 하나는 풍수론에 의하면 집의 뒤는 높고 앞은 낮아야 한다는 설과 또 다른 하나는 집의 사랑으로부터 자연 경관 곧 마을 앞의 냇물과 멀리 보이는 산을 일상적으로 감상하기 위한 배려라는 설이 있다. 이 두 설은 모두 하회의 풍수적 형국에서 비롯된 것이다. 다리미 형국이라 했듯이 마을의 가운데가 불룩하게 솟아 있는 반구형이므로 정상적으로 집을 지으려면 솟은 곳을 집의 뒤꼍으로 하여 돌아가면서 집을 지을 수밖에 없다. 마찬가지로 태극형이라고 했듯이, 화천과 화천 주위의 산이 하회 마을을 휘둘러 감고 있는 까닭에, 사랑에서 문을 열어젖히고 앞내와 앞산을 정면으로 바라보려면 집의 방향도 그를 따라 제각기 다른 향을 잡을 수밖에 없다.

이러한 하회의 경관 때문에 임란 때나 6·25때 전란의 피해를 전혀 입지 않았다. 마을에 들어오면 더 이상 나아갈 길이 없기 때문이다. 하회가 민속 마을로 주목을 받는 것도 이러한 입지 조건과 무관하지 않다. 자연 환경과 사회적 제도, 주민들의 문화적 역량이 오늘의 하회 마을을 만들어 낸 셈이다.

# 솟을대문을 자랑하는 종가들

하회에 들어서면 우람스러운 솟을대문이 유난히 많다. 그것은 과거에 급제한 이들이 많고 유학자가 많고 불천위가 많은 사실과 연관되어 있다. 류씨 가문의 위세와 문중의 번성을 시각적으로 입증하는 것이 솟을대문을 자랑하는 규모있는 고가들로서 대표적인 건물들은 역시 종가 건물들이다. 류씨들의 큰종택인 양진당을 필두로 충효당, 북촌댁, 남촌댁이 대표적인 종가들이다. 남촌댁은 현재 본채가 소실되고 대문채와 별당채만 남았다.

양진당 솟을대문

## 양진당

양진당(보물 306호)은 입향 시조인 전서공이 처음 자리를 잡은 곳이자, 처음 지은 건물이 아직도 사랑대청 건물로 남아 있다고 하는 유서깊은 건물이다. 하회에서는 보기 드물게 정남향을 향하여 있고 대종택다운 위치와 규모를 자랑하고 있다. 현재는 겸암 종택으로서 그 13대 손부가 거주하고 있으며, 1600년대의 건축물로 추정하고 있다. 거릿마당을 들어서면 솟을대문이 우뚝 솟아 있고 그 좌우로 행랑채가 가로로 길게 이어져 건축되어 있으며, ㅁ자 모양의 안채와 안채에 이어서 북쪽으로 행랑채와 나란하게 지은 일(一)자 모양의 사랑채가 있다. 따라서 안채와 사랑채, 행랑채는 서로 이어져 있으되, 안채와 행랑채는 거릿부엌과 광 등이 그 사이에 있어 신발을 신어야 통할 수 있지만 안채와 사랑채는 모두 방과 마루로 이어져 있어 버선발로 오갈 수 있도록 지어졌다. 다만 사당 채만 마당 건너 북쪽에 별채로 자리잡고 있다.

행랑채를 좀 자세히 들여다보자. 집을 들어서면 바로 부닥뜨리게 되는 행랑채는 곧 대문간으로서 대문 오른쪽에 외양간과 방이 각각 한 칸을 차지하고 왼쪽에는 방 한 칸과 아궁이가 딸린 부엌이 있다. 부엌 왼쪽으로 이어서 마루 2칸과 방 2칸을 두어, 안채와 연결되면서 ㅁ자 모양의 아래쪽 가로 획을 이룬다. 그 서쪽으로 계속해서 아궁이가 딸린 부엌과 마굿간, 대청, 방이 딸려 있다. 여기서 안채의 북쪽으로 꺾이면서 2칸짜리 광이 있어 안채의 큰 부엌간과 이어진다. 안채는 서쪽 모서리에 큰 부엌을 넉넉하게 잡아 두고 그 오른쪽으로 정면 3칸, 측면 1칸 반의 안방과 전후면에 반칸 폭의 퇴를 달아 두었으며, 안방 오른쪽에는 정면 2칸, 측면 2칸의 넓은 대청을 만들었다. 안채의 대청은 안방과 건넌방을 이어 주는데 건넌방은 1칸보다 조금 크게 꾸며졌다.

건넌방 뒤쪽으로는 마루가 있어 사랑채와 연결된다. 사랑채는 이렇게 안방에서 버선발로 통할 수 있고, 솟을대문을 들어서면 마당

0 10 20 30

**외부에서 본 양진당 전경** 류씨 가문의 큰종택인 양진당은 하회의 대표적인 종가 건물
이다. 하회에서는 보기 드물게 정남향이며 대종택다운 위치와 규모를 자랑하고 있
다.(맨 위)
**양진당 남측면도**(위)

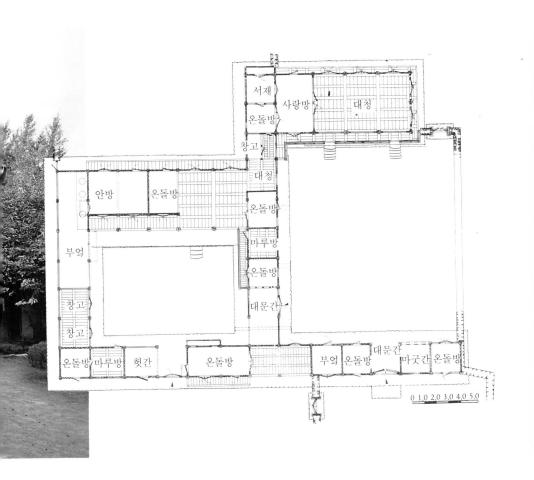

서재

사랑방

대청

온돌방

창고

대청

안방

온돌방

온돌방

부엌

마루방

온돌방

창고

대문간

창고

온돌방 마루방 헛간

온돌방

부엌 온돌방 대문간 마굿간 온돌방

0 1.0 2.0 3.0 4.0 5.0

바깥마당에서 본 양진당 사랑채 전면(옆면 위)
바깥마당에서 본 양진당 안채 측면 일부(옆면 아래)
양진당 평면도(위)

**양진당 사랑채** 정면 5칸, 측면 2칸의 규모인 사랑채는 그 우뚝한 높이와 대청의 규모를 통해 종택 사랑채다운 면모를 보이고 있다.

건너 맞은편 정면에 자리잡고 있으므로, 마당을 가로질러 높은 처마를 오르면 사랑채에 이를 수 있다. 사랑채는 정면 5칸, 측면 2칸으로서 모두 10칸의 규모이다. 왼쪽 1칸은 안채와 연결되어 있으므로 정면에서는 보이지 않는다. 왼쪽에 안채와 이어서 1칸 크기의 방 2개를 남북으로 늘어 놓고 그 오른쪽에 2칸 크기의 큰 사랑을 두어서 6칸 크기의 대청과 붙여서 배치해 두었다. 6칸 대청은 일반적으로 최대 규모의 대청으로 인정된다. 대청에는 양진당이란 현판이 걸려 있다. 이 현판은 겸암의 6대손인 류영(柳泳) 때 걸었다. 그의 호가 양진당이기 때문에 종가의 당호(堂號)로 삼았던 것이다.

양진당의 건축 양식을 보면 사랑채와 안채의 기단(基壇) 양식이 조금 다르다. 사랑채의 기단은 막돌을 사용하여 바른층쌓기에 가깝게 쌓은 데 비하여, 안채는 막돌을 사용했으되 허튼층쌓기 방식을 택했다. 사랑채의 규범성과 안채의 융통성이 기단 양식에서 드러나는 셈이다. 무엇보다 두드러지는 것은 사랑채의 기단이 썩 높다는 것이다. 따라서 대청에 오르면 다섯 단 높이의 돌계단을 올라야 한다. 종택의 사랑채가 지닌 품격을 그 우뚝한 높이와 대청의 규모를 통해서 고스란히 발휘하는 듯하다. 행랑채의 기단은 상대적으로 훨씬 낮다. 측면에서 보면 지붕이든 기단이든 앞쪽은 낮고 뒤쪽은 높게 되어 있다.

안채는 막돌로 초석을 놓고 사랑채의 두리기둥과 달리 모기둥을 세웠다. 그러나 전면 네 개의 기둥은 역시 두리기둥이다. 안방 전면에는 기둥에다가 장대로 시렁을 만들어 얹어서 손님 접대용 상과 광주리 등을 올려 둘 수 있도록 했다. 이러한 실용성에도 불구하고 양진당은 일반적으로 실용성이 떨어진다고 한다. 그것은 고려시대의 건축 양식을 모방한 것으로서 건축 연대가 상대적으로 오랜 까닭이다. 당시의 집은 실용성보다 관습성이 존중되었던 것이다. 실용성보다 종택의 권위를 중요시한 양진당은 하회의 집들 가운데 최고의 집이자, 큰종택으로서 면모를 과시하는 데 조금도 손색이 없다. 현재 보물 306호로 지정되어 있으며 사랑채의 대청은 학술 및 문화 단체들의 모임 공간으로 널리 이용되고 있다.

## 충효당

다음은 서애의 종택인 충효당(보물 414호)을 보기로 한다. 충효당은 전면에 보이는 화천과 원지산의 경관을 한눈에 바라볼 수 있도록 서쪽을 향하고 있다.

충효당은 서애의 문하생들과 후손들이 그의 유덕을 기리는 뜻에서 지은 것으로 원래 단출하였는데, 서애의 증손인 류의하(柳宜河)

**사랑채 대청에서 본 북촌댁 안채 지붕 일곽** 북촌댁의 안채는 사랑채 뒤쪽 측면에 자리 잡고 있어 바깥마당에서는 안채의 동정을 살필 수 없고 그 통로도 가리어져 있다.

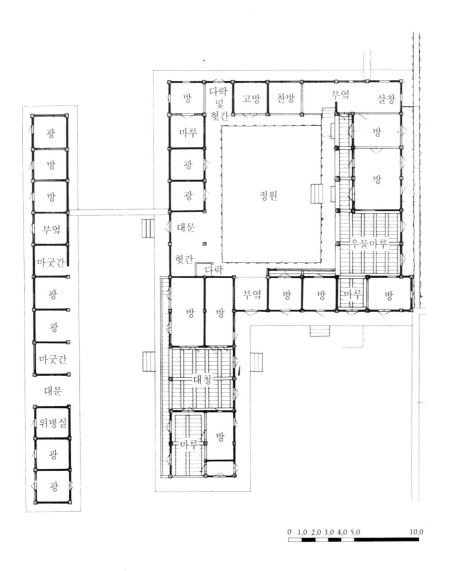

광
방
방
부엌
마굿간
광
광
마굿간
대문

위병실
광
광

방
다락
및
헛간
고방
찬방
부엌
살창

마루

광

광

정원

방

방

대문

헛간

다락

방
방

부엌
방
방
마루
방

우물마루

대청

마루
방

0 1.0 2.0 3.0 4.0 5.0        10.0

충효당 평면도

가 확장 증수하여 지금에 이른다. 양진당과 마찬가지로 행랑채와 사랑채, 안채, 사당 등으로 구성되어 있는데, 행랑채가 전면에 독립되어 있는 점과 사랑채가 안채의 앞쪽에 연결되어 있다는 점에서 독자성을 지닌다. 그리고 사랑채 주변의 앞마당은 물론 대문채 밖의 거릿마당까지도 여러 가지 수목들이 다양하게 자라고 있고 꽃밭에는 가지각색의 꽃이 잘 가꾸어져 있어 경관이 무척 아름답다.

대문채 앞은 넓은 바깥마당으로 광장을 이루고 있다. 솟을대문과 함께 일(一)자 모양의 긴 행랑채에는 대문간을 포함한 열두 칸의 공간이 마련되어 있다. 대문간 오른쪽에는 대문 출입을 지키는 위병실과 광, 헛간이 제각기 한 칸씩 있고 왼쪽으로는 마굿간 한 칸, 광이 두 칸, 다시 마굿간 한 칸, 부엌 한 칸, 방 두 칸, 헛간 두 칸 등이 배치되어 있다. 행랑채가 독립 건물을 이루며 위병실과 두 칸의 마굿간이 별도로 있는 것을 보면 이 종가의 위세를 짐작할 만하다. 그러나 본채와 달리 허술한 티가 보인다. 그것은 서애의 8대손인 류상조(柳相祚)가 병조판서를 제수받고 며칠 안에 들이닥칠 군사들을 맞이하기 위하여 서둘러 지은 탓이라 한다.

행랑채의 솟을대문을 들어서면 바로 사랑채의 대청을 마주하게 되고, 대청 가운데 후원으로 통하는 문 위에 걸려 있는 충효당이라는 미수(眉搜) 허목(許穆)이 쓴 전서체(篆書體) 현판이 눈에 얼른 띈다. 서애야말로 충효를 겸비한 인물이라는 뜻에서 미수가 이 당호를 직접 써 준 것이다. 사랑채는 정면 6칸과 측면 2칸으로서 왼편 뒤(동)쪽에 사랑방과 잠자리방을 앞뒤로 배치하고 중앙에 4칸 대청을 두었으며, 오른편 4칸은 앞뒤로 마루와 건넌방으로 나누어 두었다. 사랑채 앞으로는 모두 난간이 달린 툇마루를 달았다. 건넌방은 사랑손님이 묵는 곳으로서 안채와 가장 떨어진 공간에다 배치하였음을 알 수 있다.

사랑채는 ㅁ자 모양의 안채와 붙어 있는데, 그 통로는 방과 마루로 연결되어 있지 않다. 사랑채의 잠자리방 뒤쪽 문이나 대청의 후원문을 이용, 처마를 통해서 안채에 출입하도록 되어 있다. 사랑채와 안채 사이에는 군불을 때기 위해 마련해 둔 작은 부엌이나 헛간이 자리잡고 있기 때문이다. 따라서 안채로 가려면 반드시 신발을 신어야 한다. 바깥쪽에서는 안채로 통하는 길이 얼른 보이지 않는다. 사랑채를 거치지 않을 경우에는 대문간 왼쪽의 중문을 거쳐야 안채로 들어갈 수 있다. 대문은 늘 열려 있는 편이지만 안채로 통하는 중문은 대개 닫혀 있다는 사실을 염두에 두어야 한다.

**충효당 사랑채 대청 정면** 사랑채의 대청 가운데 후원으로 통하는 문이 있으며 그 문 위에 허목이 쓴 충효당 현판이 눈에 띈다.

**충효당 사랑채 측면** 口자 모양의 안채와 붙어 있는 사랑채는 그 통로가 방이나 마루로 연결되지 않고 뒤쪽 문이나 대청의 후원문을 이용하여 안채에 출입하게 되어 독자성을 지닌다. 사랑채 앞에는 모두 난간이 달린 툇마루를 달았으며 기단은 간지석쌓기 방식으로 마감했다.

안채는 왼쪽 구석에 부엌을 두고, 부엌 오른쪽에 정면 3칸, 측면 1칸 반의 커다란 안방을 만들고 그 오른쪽에 사랑채 대청 크기로 안채 대청을 마련했다. 대청 오른쪽 모서리에 작은 방을 하나 마련하고 앞쪽으로 마루 한 칸을 건너서 사랑채 쪽에다가 방 두 칸을 앞뒤로 두었다. 안채의 부엌 앞쪽으로는 차례로 찬방과 고방, 다락방을 두고 찬모를 위한 방을 그 앞쪽 모서리에 두어서 부엌일을 하는 데 여러모로 편리하게 하였다. 안채의 앞쪽으로는 찬모방에서부터 오른쪽으로 마루가 하나 있고 광이 두 칸 있으며 사잇문인 중문간과 헛간이 사랑채의 사랑방과 이어져 있다. 사랑방은 바깥마당에서 안채로 통하는 중문 곁에 있으므로 외부 사람들의 출입을 지켜볼 수 있어, 마치 통제소 같은 느낌을 준다.

사당은 서향인 본채와 달리 남향으로 방향을 틀고 있다. 정면 3칸, 측면 2칸으로 이루어져 있는데 정면에 중문(中門)과 동협문(東夾門), 서협문(西夾門)의 삼문이 세워져 있는 특성을 지녔다. 일반적으로 삼문은 삼정승 육판서와 같은 인물을 모신 공경대부(公卿大夫)의 집이 아니면 세우지 못한다. 충효당의 사당에 삼문을 낸 까닭은 이 사당에 봉안한 신위 가운데 한 분이 의정부의 영의정을 지낸 서애이기 때문이다.

집의 건축 양식을 보면 간살은 양진당과 같이 오량이며 홑처마에 팔작지붕을 하고 있다. 툇마루에는 계자각난간이 세워져 있고 방에는 띠살과 골판문 덧창호를 달았으며, 도리는 납도리로 장여에 소로 받침을 두었다. 사랑채의 기단은 간지석(間知石)쌓기 방식에 장대석으로 마감을 하였으며 기단부의 높이도 꽤 된다. 조선조 중기의 건축술을 고려할 때 향리의 민가에는 기단을 간지석으로 쌓는 예가 거의 없다. 따라서 지금의 간지석쌓기식 기단 양식은 보수 공사 때 고쳐 쌓은 것으로 보기도 한다. 기단 위에 막돌을 사용하여 초석을 놓고 두리기둥을 세웠다.

안채의 대청에도 두리기둥을 정면에 세웠으나 다른 기둥은 모기둥을 썼다. 도리는 납도리이며 장여가 이를 받치고 소로받침을 두어서 여러 부재(部材)를 떠받친다. 기둥과 기둥 사이에는 방형(方形)의 화반(花盤)을 두어 장여를 떠받치고 있다. 홑처마에다 맞배지붕이며 합각(合閣)마루를 형성하고 있는 특징을 보인다. 방 앞에는 띠살창호를 달고 옆면과 뒷면에는 판장문을 달아서 밝기와 안정성을 함께 고려했다. 건넌방 앞에 툇마루를 달고 난간을 세운 점도 주목된다. 건넌방에 거처하는 아들이 안방과 안채 대청으로 쉽고 안전하게 드나들 수 있게 한 배려가 아닌가 한다.

### 북촌댁

두 종가 못지않게 솟을대문을 세우고 아흔아홉 칸의 대저택을 자랑하고 있는 하회 아랫마을의 대표적인 고가가 북촌댁(민속자료 84호)이다. 본채가 불타 버린 남촌댁과 함께 북촌댁은 하회의 아래, 윗마을 또는 남촌과 북촌을 상징하는 건물이었다. 동향으로 서 있는 솟을대문은 하회에서 가장 우뚝하다고 할 정도로 규모가 웅장하다. 대문채와 사랑채, 안채로 이루어진 본채 그리고 별당채와 사당이 별도로 있다. 대문채는 정면 6칸, 측면 1칸으로 되어 있고 대문을 중심으로 좌우에 광을 두었다. 대문을 들어서면 곧바로 사랑마당이다. 마당 오른쪽에는 별당채가 있다. 본채는 사랑채와 안채가 나란히 대칭으로 놓이면서 부속 건물이 좌우에 이어져 ㅁ자 모양을 이룬다.

솟을대문과 왼쪽으로 약간 비켜서 본채 대문 곧 중문이 있고 그 좌우에 사랑채 방과 대청이 놓여 있다. 중문 오른쪽에 2칸 사랑방과 대청 한 칸이 나란히 있고 안채로 꺾이는 곳에 다시 방 한 칸을 두었다. 중문 왼쪽에는 방 한 칸과 마루 한 칸을 두었으며, 사랑채 전면에는 모두 반 칸의 툇마루를 설치했다. 사랑채 정면에 북촌유거(北村幽居)라고 하는 해서체의 커다란 현판이 걸려 있다. 북촌댁이라는 당호도 여기서 비롯된 것 같다.

**북촌댁 안채 뒤뜰** 북촌댁은 아흔아홉 칸의 대저택을 자랑하는 하회 아랫마을의 대표적인 고가이다. 안채 뒤뜰에는 채전밭이 상당히 넓게 자리하고 있는 사이에 굴뚝이 서 있어 예전 북촌댁의 경제적 여유의 풍성함을 보여 준다.(위, 오른쪽)

북촌댁 사랑방 외부

안채는 사랑방과 대각선에 부엌이 있고, 부엌과 사랑채 사이에는
모두 광(3칸)으로 들어차 있다. 부엌에 오른쪽으로 2칸 안방이 좌우
로 나란히 붙어 있으며 4칸짜리 대청을 건너 다시 2칸 건넌방을
두었다. 안채 전면에도 반 칸짜리 툇마루를 길게 달았으며, 건넌방에
서 퇴를 건너 사랑채 쪽으로 다시 방 한 칸을 두었는데, 이것은 별당
으로 통하는 중문간과 연결된다. 본채 안마당에서 오른쪽으로 틀면
별당으로 통하는 중문간이 나온다. 별당 쪽의 바깥마당 쪽에 중문이
달려 있고 안마당 쪽에는 문과 어긋지게 벽을 이루고 있다. 이 중문
은 바깥마당과 안마당 또는 별당채와 안채를 이어 주는 통로이긴

병산과 낙동강 전경이 한눈에 들어오는 만대루

풍악서당은 고려 때부터 안동부(安東府) 풍산현(豊山縣)에 있었던 것으로서 지방의 유생들을 교육해 오던 유서깊은 서당이었다. 고려 공민왕이 홍건적의 난을 피하여 이 지방에 왔을 때 이 서당에서 유생들이 면학하는 모습을 보고서 가상하게 여겨 사패지(賜牌地)와 여러 서책들을 하사하였다. 이 서당이 길가에 자리잡고 있어 환경이 어지럽고 소란하여 수학에 지장이 있다고 판단하여 서애가 1572년에 현재 위치인 안동부 풍산현 병산리에 이건하고 이름도 병산서원으로 고쳤다. 임란 때 전화를 입어 소실되었으나, 서애 사후 7년 만인 1614년에 제자들과 유림에서 중수하였고, 존덕사(尊德祠)를 경내에 세워 문충공 서애의 위패를 봉안해 두었다. 향사(享祀)는 음력 4월과 10월의 첫 정일(丁日)이다.

병산서원의 솟을대문으로 이루어진 복례문(復禮門)을 들어서면 규모가 대단히 웅장한 만대루(晩對樓)가 우뚝 눈앞에 부닥뜨린다. 만대루는 정면 7칸, 측면 2칸 모두 14칸의 대규모 누각으로서 아름

드리 두리기둥과 머리 위로 높이 설치한 누마루는 보는 이로 하여금 압도당하게 할 정도이다. 만대루 밑을 지나서 돌계단을 오르면 서원의 뜰에 이르게 되는데, 이 뜰에서 통나무 계단을 이용하여 누각에 오를 수 있다. 누각에서 바라다보면 정면에 흐르는 낙동강과 백사장 그리고 깎아지른 듯한 병산이 한눈에 들어와서 장관을 이룬다.

만대루와 뜰을 사이에 두고 북쪽에 정면 2칸, 측면 2칸의 입교당 (立教堂)이 있다. 입교당은 6칸 대청을 가운데 두고 좌우에 2칸씩의 온돌방을 설치했다. 입교당 좌우에 정면 2칸, 측면 2칸의 맞배지붕으로 된 동재(東齋)와 서재(西齋)가 마주하고 있어, 마치 입교당을 '북현무'로 하여 동서재를 '좌청룡' '우백호'로 삼고 만대루를 '안산' 또는 '남주작'으로 삼은 명당의 배치와 같다. 물론 입교당은 다른 건물에 비하여 기단부가 높고 건물도 더 우뚝하다. 입교당의 뒤쪽 오른쪽에 훨씬 더 높은 자리에 서애의 위패를 모신 사당 존덕사 (尊德祠)가 자리잡고 있다. 사당 앞에는 3칸의 삼문이 있고 사당은

정면 3칸, 측면 2칸으로 이루어져 있다. 서애 위패말고도 그의 셋째 아들 수암(修巖) 류진(柳袗)의 위패를 함께 배향하였다. 존덕사 서쪽에 정면 3칸, 측면 1칸의 전사청(典祀廳)이 있으며 동쪽에는 정면 3칸, 측면 1칸의 장판각 (藏板閣)이 있다. 이 장판각에는 서애가 저술한 문헌들을 찍어 낸 목판들이 보관되어 있다.

**병산서원**  병산서원은 풍산 류씨들이 후진 양성을 위해 마련한 풍악서당이 그 모체 이다. 원래의 자리에서 지금의 병산리로 이건되면서 병산서원으로 바뀌었다.

**만대루** 정면 7칸, 측면 2칸의 대규모 누각으로서 아름드리 두리기둥과 높이 설치한
누마루는 보는 이로 하여금 그 규모에 압도당하게 할 정도이다. 여기서 바라보는
낙동강과 병산 전경 또한 장관을 이룬다.

98 서원과 서당 그리고 정자들

## 화천서당

　병산서원과 함께 하회의 교육을 감당한 것이 화천서당이다. 부용대 동쪽 기슭에 자리잡고 있는 이 서당도 원래는 겸암을 배향하던 서원이었다. 대원군 때 서원을 거점으로 한 유림들의 작폐를 근절시킨다는 이유로 서원 철폐령을 내렸을 때 훼철되었다. 결국 지금 남아 있는 화천서당은 화천서원이 훼철되어 격하된 것이라 하겠다.

　만송정 오른쪽 나루터에서 배를 타고 부용대 기슭으로 건너가면 닿는 곳이 옥연정(玉淵亭)인데, 여기서 광덕동 쪽으로 숲길을 따라 십여 걸음 더 가면 화천서당이 나온다. 부용대를 오를 때도 화천서당을 지나서 서당 뒤로 오르면 한결 수월하다.

　화천서당은 토담 안에 서당채와 살림채로 이루어져 있다. 서당채는 정면 5칸, 측면 2칸으로 6칸 대청을 이루고 대청 좌우에 각각 정면 1칸, 측면 2칸의 온돌방을 대칭되게 두었다. 서당채 앞면에는 반 칸 폭의 툇마루를 달았으며, 앞쪽의 대청 문들은 모두 열어젖힐 수 있어 화천의 흐름과 화산의 자태를 시원하게 내다볼 수 있도록 했다. 기단은 장대석을 사용하여 계단식으로 높게 쌓아올렸으며 그 위에 원형의 주초를 만든 뒤에 주춧돌을 올려 놓고, 두리기둥을 사용하여 홑처마에 팔작지붕을 얹었다.

　살림채는 부엌과 2칸 크기의 방이 6칸 대청을 사이로 좌우에 대칭을 이루고 부엌과 방 앞쪽으로 각각 광을 두어 ㄷ자꼴을 이루고 있다. 네모 기둥을 받치고 홑처마에 맞배지붕을 얹었다. 서당과 살림채 사이에도 담장이 쳐져 있어서 서당채에서 살림채로 가려면 동쪽 대문으로 나와서 안채 대문으로 다시 돌아들어야 한다. 마치 두 채가 딴집처럼 배치되어 있다. 서당채와 살림채를 담장으로 막아두고 딴채처럼 중문도 내지 않음으로써 세간의 살림살이를 떠나 학문에 전념할 수 있는 서당 분위기를 조성하기 위한 것이 아닌가 한다.

**화천서당** 토담 안에 서당채와 살림채로 이루어진 화천서당은 병산서원과 함께 하회의
교육을 감당한 대표적 서당이다. 정면 5칸, 측면 2칸의 건물로 앞쪽의 대청문들을
열면 화천의 흐름과 화산의 자태를 한눈에 볼 수 있다.

# 겸암정과 옥연정

하회에는 마을과 달리 정자가 몇씩이나 있다. 이것은 명문 집안이라는 인위적 성취 외에 정자를 둘 만한 빼어난 자연 경관도 함께 획득하고 있다는 사실을 말해 준다.

**겸암정 정자채**  예사 정자의 역할과는 조금 다른 겸암의 사설 교육장 곧 서당의 역할을 담당한 이 정자는 툇마루를 달고 난간을 설치했으며 두리기둥을 세웠다.

## 겸암정

겸암정은 민속자료 89호로서 화천 건너 북쪽에 부용대 왼쪽 솔숲 사이에 자리를 잡고 있다. 이곳은 겸암이 26세 때에 건립하여 학문 연구와 제자 양성에 힘쓰던 곳이라 한다. 그러니 몸을 쉬며 풍광을 즐기기 위해 마련한 예사 정자와는 다르다. 겸암의 사설 교육장이라 해야 더 걸맞을 정자로서, 서당의 구실을 적극적으로 담당했던 것이다. 따라서 건축 구조도 예사 정자와 제법 다르다.

一자형의 바깥채와 ㄱ자형의 안채가 함께 있는 것이다. 안채는 바깥채 뒤쪽에 자리잡아 정자의 경관을 해치지 않고 있다. 안채의 측면과 뒤쪽에는 담장이 둘러져 있는데 반달 모양을 하고 있어 특이하다. 정확하게 말하면, 퇴계 글씨로 쓴 겸암정 현판이 걸린 바깥채만 정자라고 하겠다. 바깥채가 정자채라면 안채는 살림채이다.

정자채는 정면 4칸, 측면 2칸으로 이루어졌는데, 가운데에 정방형의 4칸짜리 대청을 두고 그 좌우로 2칸 또는 1칸짜리 방을 각각 마련했다. 오른쪽 1칸짜리 방 앞에는 대청과 이어진 마루가 역시 1칸을 이루고 있다. 방과 대청 앞면 및 옆면에는 툇마루를 달고 난간을 설치했다. 두리기둥에 홑처마의 팔작지붕을 얹었다. 살림채는 정자채와 분리되어 있는데 왼쪽부터 부엌 2칸, 안방 3칸, 대청 4칸, 대청 건너 ㄱ자 모서리에 2칸짜리 방이 하나 있고 그 앞으로 다시 같은 크기의 방과 1칸짜리 마루가 놓여 있다. 이것은 어디까지나 정자채의 부속 건물이다. 겸암정에서 시문을 짓고 도학을 논하는 데 아무런 불편이 없도록 뒤에서 보조하는 공간이라 하겠다.

## 옥연정

옥연정은 민속자료 88호로서 만송정에서 화천 건너 부용대 오른쪽의 기슭에 자리잡고 있다. 이곳은 서애가 45세 되던 해(1587)에 건축하여 「징비록」을 저술하던 곳이다. 화천이 마을을 시계 방향으로 휘감아 돌다가 방향을 시계 반대 방향으로 바꾸는 곳에 옥소

(玉沼)가 있는데, 옥연정은 이 소의 남쪽에 있으므로 소의 맑고 푸른 물빛을 따서 옥연정이라고 이름붙인 것이다.

옥연정을 짓는 데는 탄홍(誕弘)이라는 스님의 도움이 적지 않았다. 서애가 공부하던 원지정사(遠志精舍)가 인가와 너무 가까운 것을 알고서 옥연정 위치에 작은 집을 짓고 거기서 남은 여생을 마치고자 할 때, 탄홍이 자청해서 그 일을 맡고서는 곡식과 포목을 시주하여 10년에 걸쳐 규모있는 정사를 지어 준 것이다. 두리기둥을 쓰지 않고 모기둥만을 사용한 것이 주목되는데 사찰 건물과 구별하려는 탄홍의 의도와 무관하지 않을 것 같기도 하다.

**옥연정**　화천 건너 부용대 오른쪽 기슭에 자리잡은 옥연정은 문간채와 바깥채, 안채와 별당까지 마련되어 있다.

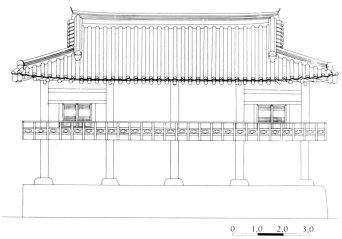

0    1.0    2.0    3.0

겸암정 살림집 정면도

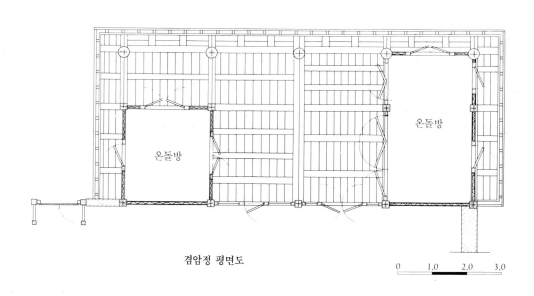

온돌방

온돌방

겸암정 평면도

0    1.0    2.0    3.0

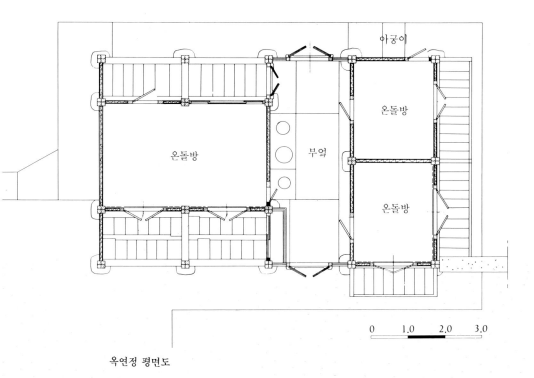

아궁이

온돌방

부엌

온돌방

온돌방

0   1.0   2.0   3.0

옥연정 평면도

승려가 나서서 정자를 지어 준 데는 그만한 까닭이 있다. 당시 조정은 척불 운동과 억불 정책을 펴고 있었으나 겸암과 서애는 애써 불교를 탄압하지 않았을 뿐 아니라, 암암리에 사찰측의 편의까지 도모해 주었으며, 특히 서애는 승려들에게 상당히 호의적인 태도를 지니고 있었다. 이러한 태도는 임란을 맞았을 때 의정부의 고위 관직에 있던 서애가 승병들의 궐기와 전쟁 참여를 끌어내어 전세를 호전시키는 데 커다란 힘이 되었다. 탄홍이 나서서 옥연정을 지어 준 것도 같은 인연이라 하겠다.

옥연정은 제법 복잡하게 구성되어 있다. 문간채와 바깥채 외에 안채와 별당까지 마련되어 있는 것이다. 문간채는 왼편 남쪽부터 차례로 측간과 대문을 두고, 대문 오른편에 광을 3칸이나 둔 一자형 이다. 그러나 옥연정 출입은 이 문간채보다 바깥채 쪽의 작은 문을 주로 이용한다. 이 쪽이 하회 쪽으로 통하는 문이기 때문이다. 문간 채의 대문은 광덕으로 통하는 문이다. 일반적으로 바깥채는 대문간 과 마주해 있는데, 옥연정은 출입의 실제 기능에 따라 오히려 뒷문 이 대문 노릇을 한다.

바깥채는 정면 4칸, 측면 2칸의 건물로서 정방형의 4칸짜리 대청 좌우로 1칸 반 정도의 방을 대칭을 이루며 배치해 두고 있다. 이 바깥채가 곧 정자인 셈인데, 이 대청에 오르면 화산 아래로 굽이쳐 흐르는 화천의 흐름과 모래밭들을 바라볼 수 있다. 정자 옆에는 서애가 이름붙인 능허대(凌虛臺)와 보허대(步虛臺)가 있다.

안채는 8칸 겹집 형식을 이루면서 예사 집과 약간 다른 구조를 보인다. 부엌이 중앙에 있고 방이 부엌을 중심으로 가로로 또는 세로로 2칸씩 좌우에 배치되어 있다.

별당채는 정자채와 안채 사이에 가로로 자리잡고 있는데, 정면 3칸, 측면 2칸으로 서쪽 모서리에 2칸 반의 방이 하나 있고 나머지 는 모두 마루로 되어 있다. 별당채 앞 곧 정자채와 안채 사이에는 정원이 꾸며져 있어 자연스레 시야를 가려 주고 있다.

# 두 정사와 연좌루

겸암정과 옥연정 외에도 두어 개의 정자가 더 있다. 빈연정사와 원지정사가 그것들이다. 앞의 정자들은 부용대 좌우에 자리를 잡고 있는 데 비하여, 이들 정자들은 모두 마을 안에 자리잡고 있다.

## 빈연정사

빈연정사는 하회 북촌의 서북쪽에 부용대를 마주보고 있는 건물이다. 화천의 흐름과 부용대를 바라볼 수 있도록 북향으로 자리잡았다. 더 정확히 말하면 부용대 왼쪽의 겸암정 쪽과 향이 더 일치한다. 화천에 가장 가까운 자리를 차지했다. 수목에 싸인 앞마당을 나서면 강 쪽으로 곧은 길이 나 있는데 곧 만송정에 이른다. 마을에서 하회의 절경을 가장 잘 감상하고 아름다운 풍치와 가장 가깝게 만날 수 있는 정자라 하겠다.

그런 좋은 입지를 가졌으나 정자 자체는 가장 소박하게 지었다. 정면 3칸, 측면 2칸으로 홑처마 팔작지붕을 나지막하게 얹었다. 왼쪽으로 정면 1칸, 측면 2칸짜리 방을 두고 나머지는 대청으로 쓴다. 모기둥이되 대청 가운데 있는 기둥만 두리기둥을 써서 거슬리지 않게 했으며, 만송정과 부용대의 경관을 순조롭게 감상하기 위해 대청 앞쪽으로는 문도 달지 않았다. 지금은 관리가 허술하여 더욱 초라하게 보인다.

## 원지정사

원지정사는 현재 풍남국민학교 구내에 있다. 운동장과 담 하나를 사이에 두고 있다. 하회 북촌의 북향에 자리잡고 있어 부용대를 정면으로 바라보고 있되 오른쪽으로 약간 틀어앉아서 옥연정 쪽을 향하고 있다. 화천 건너 보이는 원지산을 바라보고 있다고 하여 원지정이라 이름붙였다고 한다. 이 정자는 서애가 34세 때에 잠시 머물며 독서하던 곳으로서, 뒤에 병을 앓았을 때에는 이곳에서 약을 복용하여 회복되기도 했다고 한다. 조선조 중기에 건축된 정자로 추정된다.

이 정자는 오른쪽에 누각을 둔 두 채의 건물로 구성되어 있는데, 정자는 정면 3칸, 측면 1칸 반으로 대청 1칸에 방 2칸을 배치하고 전면에 반 칸의 툇마루를 내어달았다. 모기둥을 썼으되 전면의 기둥만 두리기둥을 세웠으며, 홑처마에 맞배지붕을 얹었다. 다른 정자와 달리 방에 더 비중을 둔 까닭은 별도로 누각을 두었기 때문이다. 누각은 2층으로서 1층에는 기둥들만 세워 두고 계단을 만들어 2층에 오르게 하였다. 2층은 정면 2칸, 측면 2칸의 정방형 대청을 이루고 있다. 문을 달지 않아서 사방을 두루 바라볼 수 있도록 했다. 다만 난간을 설치해 안전성을 지니게 했으며 천장은 연등천장을 가설하였으나 부분적으로 우물천장을 하고 있다. 장대석을 기단부로 하여 막돌 초석을 놓고 1층 기둥은 다각기둥, 2층 기둥은 두리기둥을 세웠으며 홑처마에 팔작지붕을 얹었다. 팔작지붕의 형성과 추녀 끝의 곡선이 제비의 자태를 연상할 수 있게 한 탓인지 그 이름을 연좌루(燕坐樓)라 하였다. 원지정사보다 연좌루가 더 눈길을 끈다.

# 하회의 서낭 신앙과 별신굿탈놀이

## 하회의 서낭신과 동제

하회는 반촌으로서 유가적 전통을 잘 유지하면서도, 토착적 민속의 전통까지 훼손하지 않고 최근까지 잘 전승해 온 대표적인 마을이다. 일반적으로 반촌의 경우는 유가적 전통의 독점적 실현으로, 그 이전부터 전승되던 동제와 별신굿, 가신 신앙 등 민속 전통들을 유교의 이념과 대립적인 것으로 파악하고 여러모로 부정하며 타파하기 일쑤였다. 그런데 하회에서는 이들 민속들까지 너그럽게 용인하면서 동제뿐만 아니라 양반, 선비들을 풍자하는 별신굿탈놀이들까지 고스란히 전승해 왔다. 특히 하회탈은 국보 제121호로 지정되어 국립중앙박물관에 소장되어 그 일부가 전시되고 있으며, 하회별신굿탈놀이는 중요무형문화재 제69호로 지정되어 하회별신굿탈놀이보존회에서 전수하고 있다.

먼저 하회 마을 사람들을 혈연이나 가문의 지체와 상관없이 하회 사람으로서 평등하게 하나로 묶어 주는 구실을 하는 동제 또는 당제를 주목해 본다. 하회에는 다른 마을에 비하여 동신을 모시는 당(堂)이 5개나 될 정도로 많다.

**서낭당** 하회에는 다른 마을에 비해 동신당이 많다. 화산 중턱에 있는 무진생 김씨를 모신 서낭당은 상당 구실을 하면서 별신굿탈놀이의 구심점이기도 하다.

가장 중요한 당으로는 화산 중턱에 있는 무진생 김씨를 모신 서낭당과 화산 자락의 묘지와 논들 사이의 숲속에 외따로 자리잡고 있는 국사당(국시당), 그리고 마을 가운데 자리잡고 있는 삼신당 등이다. 현재 서낭당과 국사당이 집의 형태로 남아 있고, 삼신당은 수령 6백 년이나 된 고목의 느티나무로서 현재 보호수로 지정되어 있다. 서낭당과 국사당을 각기 상당과 하당으로 일컫기도 하고, 사람들에 따라서는 국사당을 중당, 삼신당을 하당으로 일컫는 이도 있다. 어쨌든 이들 당은 화산의 지맥과 연결되어서 화산 중턱과 자락, 그리고 혈의 응결점에 제각기 놓이면서 마을과 산을 이어 주는 정신적 구조물 노릇을 하고 있다.

이와 다른 갈래의 두 당은 공교롭게도 마을로 통하는 길목에 자리잡고 있다. 마을 입구 큰고개 곧 탕건바위가 있는 곳과 큰고개를 넘어서 작은고개에 돌을 높이 쌓아 둔 성황당(城隍堂)이 두 곳에 있다. 이것은 상당, 하당과 달리 화산의 지맥을 따라 형성된 것이 아니라, 마을로 들어오는 길목인 동구 밖의 두 고개에 제각기 두고 있을 뿐 아니라, 돌을 쌓은 단으로 이루어진 것을 볼 때 마을의 출입을 통제하는 수문장(守門將) 구실을 한다고 볼 수 있다. 고갯길을 낮추기 전에는 동신목이 서 있었고 그 밑에 탕건바위가 있었다. 동제를 지낼 때에는 마을의 관문인 여기에 금줄을 쳐서 외부인의 출입을 막았다. 특히 이 성황당의 신을 일러서 고을막이라는 뜻을 지닌 '골맥이'라 하였다는 사실은 마을 수호신으로서 동해안에 분포되어 있는 동신(洞神)들과 그 기능에서나 명칭에 있어서 상당히 닮아 있다.

서낭당에는 무진생(戊辰生) 의성 김씨 할머니를 모신다. 허도령을 사모하여 탈막을 엿보다 살을 맞아 죽은 이가 서낭신으로 모셔진 것이다. 흔히들 '김씨 할매' 또는 '무진생 서낭님'이라 하고, 당을 상당 외에도 각시당 또는 처자당(處子堂)이라고 부르기도 했다. 국사당에 모시는 신격은 정확하게 알려져 있지 않다. 더러 국신당이라고 하는 걸 보면 왕신을 모신 '나라당'이 아닌가 하는 생각이 든다. 별신굿으로 유명한 이웃 마을 수동(壽洞)의 경우도 국신당(또는 국사당)이 있다. 공민왕이 홍건적의 난을 피해 안동으로 몽진해 왔을 때 이곳에서 휴식을 취했는데, 이를 기념하여 국신당을 짓고 공민왕 영정을 모셨으며 당제를 올렸다고 한다. 공민왕의 몽진 경로로 보아 하회의 국사당도 공민왕을 모신 것이 아니었던가 한다. 특히 병산서원의 전신이었던 풍악서당의 토지 8백 두락이 공민왕 몽진시에 하사한 사전(賜田)이라는 사실을 염두에 두면, 하회로서는 공민왕을 국사당에 모실 만하다. 조선조에 들어와서 점차 고려 왕에 대한 추모의 정이 약해지면서 국사당의 이름만 남게 된 모양이다.

동제는 정월 보름과 4월 초파일에 올린다. 정월 보름에 동제를 올리는 것은 보편적인 관례이나 초파일에 동제를 올리는 전통은

**삼신당** 삼신당은 수령 6백 년이 된 고목의 느티나무로서 현재 보호수로 지정되어 있다. 하당이라 일컫는 당으로 마을의 중심부에 자리잡고 있다.

상당히 드문 것이다. 이는 절에서 초파일에 연등제 행사를 벌일 때 마을에서도 함께 동제를 올렸다는 뜻인데, 불교와 맞선 제의일 수도 있고 초파일의 석탄일 축제에 동참하는 마을 축제일 수도 있다. 실제로 화산 자락에 허씨들의 거묵실골과 안씨들의 행개골 사이에 장안사가 있었고 지금도 연화사라는 절이 탑골에 자리잡고 있으니, 서로 대립 관계에 있었을 가능성도 높다. 또는 별신굿을 할 때 불교의 관념적 허위를 풍자하면서 중을 민중적 삶 속으로 끌어들이고자 한 것을 보면 반드시 어느 한쪽으로만 귀착시켜 이해 할 일이 아닌 것 같다.

류씨 입향 시조가 제일 처음 터를 닦고 집을 지은 곳이 바로 '연사'라는 절 곁이었고 또 노승이 입향 시조를 도왔다는 이야기를 생각하면 불교측과 상당히 우호적인 관계 속에서 정착했다는 것을 알 수 있다. 그렇다면 동제와 사찰의 축제가 일치를 이루었던 고려 시대의 전통이 지금까지 남아 있는 것으로 보는 것이 좋겠다. 전통적인 마을 축제가 보름굿 형식으로 전승되던 것이 불교가 전래되면서 신라 말기에 한국 불교로 재창조되고 고려 때에는 국교로까지 뿌리를 내리는 상황에서, 마을과 절이 인접해 있는 경우 불교 축제의 일환으로 마을 축제도 더불어 행해졌다고 볼 수 있다. 하회의 경우는 별신굿과 함께 고려 때의 이러한 전통이 지금껏 남아서 초파일에도 동제를 지내는 것이 아닌가 한다.

큰고개와 작은고개에 있는 성황당에도 제를 올렸다고 하는데, 지금은 중단되었다. 이들 신은 골맥이라고 일컬어진 것처럼 길을 지키는 수문장 구실을 했다고 보겠다. 동제를 지낼 때에는 반드시 큰고개의 성황당이 있는 길을 가로막아 금줄을 친다. 이 금줄을 보더라도 마을에 잡귀 잡신의 출입을 막는 구실을 한다는 것을 짐작할 수 있다. 따라서 하회의 동신은 '천지인'의 한국적 세계관을 아우르고 있을 뿐 아니라, 하회 마을이라는 지역 공동체를 보호하는 수호신으로서 '골맥이신'을 설정하고 있는 것이다. 골맥이신이 지키고 있는 큰고개는 하회를 출입하는 유일한 통로이므로 여기만 막으면 마을은 절대 안전하다.

다른 마을과 달리 동제와 별신굿의 제관 노릇을 종신토록 하는 산주를 정해 두고서 매월 삭망(朔望) 때마다 서낭당에 올라가서 기도를 드리는가 하면 서낭신의 계시에 따라 별신굿을 주관하는 구실을 한다. 이를 보면 고대의 사제자들이 천신에게 기도를 올리는 제사장 구실과 더불어 신의 계시에 따라 제의적 축제를 벌이고 통치자의 정치적 자문을 해왔던 구실도 함께 해왔는데, 하회의 산주는 바로 그러한 전통이 지금껏 유지되고 있다고 보겠다.

# 별신굿탈놀이의 주술성과 연극성

동제가 명칭에 있어서나 제의의 양식에 있어서 유교식으로 많이 변모한 데 비하여, 별신굿은 제법 원초적인 명칭과 양식을 잘 전승하고 있는 편이다. 특히 별신굿을 하면서 추는 탈춤은 그 당시의 전통과 깊이 연결되어 있다. 그러나 지금은 1928년(戊辰)을 끝으로 마을에서는 전승되지 않는다. 별신굿은 동제와 달리 해마다 주기적으로 하는 것이 아니다. 몇 년 만에 한 차례씩 하는데, 마을에 따라서는 2년이나 3년 또는 5년 주기로 하며 10년 주기로 하는 경우도 있다. 별신굿을 대제(大祭)라고도 하는데, 그것은 동제 가운데에도 큰 동제라는 뜻이다. 평소에는 예사 동제를 지내다가 몇 년 만에 한 번씩 큰 동제를 올리는 것이 별신굿이다.

하회에서는 10년 주기로 했다고 하는 동시에, 서낭신의 신내림에 의해서도 별신굿을 했다고 하는 걸 보면 비주기로 했을 가능성도 높다. 산주는 평소에도 초하루 보름마다 서낭신께 기도를 올리는데, 이때 신의 계시가 내리면 별신굿을 하게 되며 또는 마을 사람들 가운데 누구 입에서든 별신굿을 해야 된다고 하는 말이 나와서 풍문으로 퍼지게 되면 마을 어른들의 허락을 얻어 별신굿을 했다고 한다. 계시가 있고 풍문이 돌아도 별신굿을 하지 않게 되면 마을에 동티가 나거나 정신병자가 생긴다고 믿기 때문에 어른들의 허락은 의례적인 것일 뿐이다.

섣달 보름의 산주 기도에서 서낭신의 계시가 내리면 마을에 널리 알리고, 섣달 금날부터 본격적으로 별신굿 준비를 한다. 산주는 부정이 없는 사람을 시켜서 서낭대를 다듬게 하고, 마을 사람들은 모두 육식을 금하며 말과 행동을 삼간다. 유사들은 제기(祭器)를 새로 구입하고 제수를 마련하며, 섣달 29일에 마을 대표들이 동사에 모여서 부정이 없는 각성바지들 가운데서 탈춤을 출 광대들을 지명하여, 산주와 함께 그믐날부터 동제의 파젯날인 정월 보름까지 동사에 합숙을 하며 근신한다. 따라서 광대로 뽑힌 사람들은 설날 차례에도 참석하지 못한다. 물론 동사에는 금줄을 치고 황토흙을 뿌려서 잡인의 출입을 금하고 부정이 타지 않도록 한다.

금날 아침에 내림대를 든 산주와 서낭대를 멘 대광대 및 각종 탈광대들이 풍물을 잡히며 화산 중턱의 서낭당에 올라가서 신내림을 받는다. 광대들이 풍물을 치는 동안 각시는 무동춤을 추며 서낭대를 도는데, 산주가 당 안에 들어가서 신내림을 빌기 시작하면 풍물은 멈춘다. 비손을 하여 내림대가 흔들리고 당방울이 흔들리면 신내림이 이루어진 것이다. 내림대의 방울을 서낭대에 매달고 대광대들이 앞장을 서서 하산을 하면 각시광대는 무동을 타고 춤을 춘다. 행렬은 국신당을 거쳐 삼신당에 참례를 하고 동사로 와서 서낭대를 세우고 이때부터 탈춤을 추며 합숙에 들어간다. 섣달 금날이 아닌 정월 초이튿날에 신내림을 해왔다는 보고도 있어 일정하지 않다.

동사에 이르면 풍물이 계속되는 가운데 각시는 무동춤을 추면서 구경꾼들에게 걸립을 하며 다른 광대들은 탈을 받아 쓰고서 탈놀이 준비를 한다. 준비가 끝나면 제일 먼저 주지마당이 시작된다. 신이한 동물인 주지 두 마리가 나와서 싸움굿을 하면서 탈마당의 부정을 정화시키는 구실을 한다. 다음은 백정이 나와서 도끼를 휘두르며 소잡이춤을 추는데, 소가 나타나면 도끼로 머리를 때려 소를 쓰러뜨리고 칼을 꺼내서 칼춤을 춘 다음에, 소의 배를 갈라서 내장과 소불알을 꺼내 들고 구경꾼들 앞에 가서 '우랑을 사라'고 외친다. 처음에는 상스럽다는 듯이 외면하던 양반, 선비가 양기에 아주 좋다는 백정의 말을 듣고서는 서로 사겠다고 다툰다. 이것은 생산력을 확보하고자 하는 주술적 의미도 갈무리되어 있지만, 극적 의미로서 미천한 신분의 백정이 성을 상징하는 우랑을 사라고 하는 것은 기존 질서와 유교적 도덕률을 함께 뒤집어 엎는 풍자적 성격을 지닌다.

이어서 쪽박을 허리에 찬 할미가 등장하여 베를 짜는 시늉을 하며

**탈판 고사**  탈춤을 추기 전에 탈판 마당에서 기능 보유자와 전수생들이 무사 공연을
비는 고사를 올리고 있다.

신세 타령을 하고 영감과 청어 먹은 것을 두고서 다툼을 벌인다.
할미의 베짜기와 신세 타령 및 차림새를 통해서 한편으로는 여성들
의 고난을 보여 주는 동시에 청어를 일방적으로 독식한 할미의 대응
방식을 통해서 가부장적 권위를 파괴하고 남녀간의 상하 관계를
뒤집어 버림으로써 남성 중심의 사회 질서에 저항하는 몸짓을 한
다. 여성이 청어를 먹는다는 것은 잉태를 상징하는 풍요 다산의
주술적 의미로도 받아들일 수 있으니, 극적 의미로는 가부장적 권위
에 대한 적극적 비판 의식의 표현이라고 할 수 있다.

　할미마당이 끝나면 중마당이 시작된다. 부네라고 하는 바람둥이
여성이 오줌누는 것을 우연히 보게 된 중이 부네의 오줌 냄새를

무동마당  각시광대가 탈을 쓰고 무동하여 두 팔을 흔들며 춤춘다. 마당을 한 바퀴
돌고 난 뒤 각시광대는 내려서 꽹과리를 들고 수시로 구경꾼들에게 걸립을 한다.

맡고 마음이 동하여 갈등한다. 그러다가 중의 삶을 버리고 부네와 어울려 본성적인 남녀 관계를 맺게 된다. 중이 추구하는 관념적 세계관의 허위를 풍자하면서 민중적 삶의 실상을 긍정하는 뜻이 담겨 있다고 하겠다. 양반·선비마당에서는 초랭이와 이매의 부추김에 의해 양반, 선비가 부네를 두고서 서로 싸움을 벌인다. 결국 이들이 자랑하는 지체와 학식이라는 것은 순전히 얼토당토않는 말장난에 불과한 것임을 폭로함으로써 관중들로부터 조롱의 대상이 되게 한다. 곧 당시 지배층들의 사회적 근거를 부정해 버림으로써 탈놀이의 전승 주체인 민중들의 삶을 긍정하는 구실을 한다.

마지막으로는 혼례마당과 신방마당이 차례로 놀이된다. 지금까지

**주지마당**  탈춤 마당 제일 처음에 암수 두 주지가 나와서 대무를 추고 있는 모습이다. 주지는 상상의 동물로서 탈판의 부정을 물리치는 구실을 한다.

구경한 여러 탈놀이들은 별신굿을 하는 동안 동사 앞마당이나 마을 안의 여러 집에서 몇 차례씩 거듭 놀이된다. 그러다가 정월 보름 당제를 지내고 나서 하산하면 별신굿이 거의 마무리되는 셈이다. 광대들도 탈을 돌려 주고 집으로 돌아간다. 이때는 합숙도 끝난다. 다만 유사와 청광대 한 사람과 양반 및 각시광대만 남아서 혼례마당을 준비한다. 양반광대가 홀기를 부르고 각시광대는 신부가 되고, 청광대는 신랑이 되어 혼례식을 올린다. 17세 처녀로 죽은 서낭신을 위로하기 위한 마당이라고 한다. 혼례식을 올릴 때 자리를 제공하면 복을 받는다고 하여 마을 사람들이 다투어 자리를 내어 놓는다.

혼례식이 끝나면 신랑 신부가 첫날밤 잠자리를 하면서 모의적인 성행위를 한다. 자식을 낳지 못하는 부부는 신방마당을 치를 때 쓴 자리를 깔고 자면 자식을 낳을 수 있다고 믿고 있다. 유감주술적 인식의 하나라 보겠다.

탈춤은 풍농굿으로부터 기원했기 때문에 풍요 다산을 비는 모의적 성행위가 일반화되어 있다. 그런 가운데에서도 하회탈춤에서는 혼례굿과 성행위굿이 제각기 한 마당으로 독립성을 유지하면서 비의 형식으로 이루어진다는 점에서 그 개성이 특히 두드러진다. 풍요 다산의 주술적 의미와 풍농굿의 본디 모습을 비교적 온전히 지니고 있는 원초적 형태의 별신굿이자, 성행위굿의 요소를 짙게 유지하고 있는 고형의 탈춤임을 확인시켜 주는 중요한 단서가 된다. 특히 혼례마당과 신방마당을 마을 입구의 밭에서 했다는 점도 주목할 만하다. 엘리아데(M.Eliade)의 보고에 의하면 19세기까지만 해도 유럽에서는 봄에 씨뿌린 현장에서 남녀가 모의적인 성행위나 실제적인 성행위를 하는 다양한 관습이 있었다고 한다. 물론 풍농을 기원하는 성행위굿의 하나이다. 하회의 혼례마당과 신방마당도 성행위굿의 한 변모로 봐야 할 것이다.

신방마당이 끝나면 마을 입구 헛천에서 헛천거리굿을 한다. 이때는 무당이 중심이 되어, 별신을 하는 동안 묻어 들어온 잡귀 잡신

**중마당** 부네가 오줌 누는 광경을 보고 본성에 눈을 뜬 중이 부네를 유혹하고 있다.

들을 쫓아버린다. 별신굿의 마무리로 거리굿을 하는 셈이다. 광대들
과 함께 한판 풍물을 크게 논다.

하회의 별신굿은 순전히 굿으로서 주술적 성격을 지닌 동시에,
탈춤이라고 하는 가면극으로서 예술적 성격을 지니기도 한다. 굿으
로서 형식을 보면 처음에는 주지마당에서 부정굿을 하여 굿판을
정화하고 여러 거리의 마당굿들을 다양하게 하고 난 다음에 서낭신
에게 제사를 올리고, 마지막으로 잡귀 잡신들을 배송(拜送)하는
거리굿으로 마무리를 한다는 점에서 동해안의 별신굿과 비슷한
구조를 가지고 있다. 굿의 내용은 부정굿이나 거리굿과 같은 상투적

**신방마당**  17세의 처녀신인 서낭신을 위로하기 위한 절차이다. 혼례를 마친 자리에서
신랑, 각시는 첫날밤을 치르는 모의 성행위를 한다.

인 것말고도 유감주술의 하나인 성행위굿을 하는 것이 있다. 그러면
서 반상 및 남녀의 차별 관념과 학식 및 지체의 상하 관계 속에서
공고하게 다져진 사회 질서를 허구적으로 뒤집어 버림으로써 극적
인 해방감을 만끽하는 동시에, 민중적 대동 세계의 가능성을 전망하
는 것이다. 그러므로 탈놀이 속에는 곧 주술적 기대의 전망과, 예술
적 표현의 즐김이 하나로 통일되어 갈무리되어 있다고 하겠다.

　현재 하회별신굿탈놀이가 무형문화재로 지정받은 다음 보존회가
공식적으로 꾸며져 해마다 한두 차례씩 공연을 하고 있으나, 하회
마을 사람들 본래의 것은 아니다. 대부분이 안동 시내 사람들이
주축을 이루므로, 오히려 하회 사람들은 이들 공연에 구경꾼으로
참여할 따름이다. 국보인 하회탈도 역시 정부의 손아귀에 들어가

국립중앙박물관에 소장되어 있다. 하회별신굿의 현장인 하회 마을은 고스란히 남아 있고 또 하회별신굿도 전승되고 있긴 하지만, 하회 마을 사람들이 주체가 된 하회의 본디 별신굿은 없는 것이나 다름없다. 하회 마을에는 하회탈도 없다. 장삿속을 겨냥한 모조품만 즐비하다. 누구의 잘못인가, 되물어보지 않을 수 없다.

## 별신굿탈놀이의 의의와 전승력

하회별신굿은 이 고장 사람들의 최대 구경 거리였다. 사람들이 죽어서 저승에 가면 염라대왕께서 "하회별신굿을 보고 왔나?" 하고 묻는데, 이때 구경을 하지 못했다고 하면 그것도 구경하지 못했느냐고 하면서 다시 세상으로 되돌려 보내어서 굿 구경을 하고 오도록 한다고 할 정도로, 고장 사람들에게는 중요한 구경 거리로 생각되었다. 한마디로 하회별신굿을 봐야 사람으로서 일생을 온전하게 살았다고 평가할 만큼 또는 죽어서도 여한이 없다고 할 만큼 귀한 눈요기 거리로 믿었던 것이다. 이 별신굿을 보는 것은 그야말로 인간으로서 반드시 거쳐야 할 통과 의례로까지 인식되었다고 하겠다.

하회별신굿은 주민들의 이러한 믿음이나 속신과 상관없이 우리 민속극사와 무교 문화를 이해하는 데 필요한 몇 가지 단서들을 지니고 있다. 우선 이 별신굿은 한국 농촌 별신굿의 가장 고형으로서 전형성을 지니고 있다는 점이다. 현재 동신을 중심으로 한 별신굿은 동해안의 어촌에 약간 남아 있을 뿐 농촌에서는 본격적인 별신굿이 거의 사라져 버렸는데, 하회에는 이웃 고을에까지 뜨르르 할 정도로 별신굿이 대판 베풀어졌다는 사실이다. 고대의 공동체 단위 축제를 복원하고 별신굿의 유형과 농촌 별신굿의 특성을 이해하는 데 중요한 연구 거리들이다. 더욱 중요한 사실은 탈춤이 풍농을 기원하는 별신굿의 풍물굿에서부터 비롯되었다는 탈춤의 기원 해명에 가장 소중한 단서를 제공하고 있다는 사실이다. 그리고 탈춤이 별신굿의 일환으로 놀이되었다는 사실은 굿과 놀이, 별신과 연극, 주술과 예술은 본디부터 총체성을 이루며 합일되어 있었다는 사실을 말해 주기도 한다. 말을 바꾸면 굿이 곧 탈놀이이며 탈놀이가 곧 굿이었다는 것이다.

별신굿탈놀이에 관한 일정한 정보를 갖추고 있는 이들의 공통된 의문 가운데 하나는 양반, 선비를 풍자하는 탈춤이 반촌에서 어떻게 자생적으로 생성 전승될 수 있었을까 하는 것이다. 여기에 대한 답은 여러 갈래로 마련해 볼 수 있다. 우선 하회의 양반 세력인 류씨들이 민중의 별신굿을 너그러이 받아들일 수 있는 융통성을 들 수

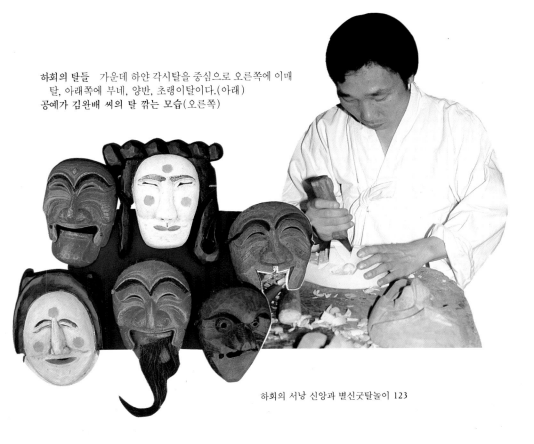

**하회의 탈들** 가운데 하얀 각시탈을 중심으로 오른쪽에 이매탈, 아래쪽에 부네, 양반, 초랭이탈이다.(아래)
**공예가 김완배 씨의 탈 깎는 모습(오른쪽)**

있다. 일반적으로 탈춤 마당에는 상것들의 놀이판이라 하여, 양반들이 구경꾼으로도 참여하지 않는다. 그런데 하회의 류씨들은 별신굿을 하는 데 필요한 물질적 후원을 할 뿐 아니라, 탈광대들의 신성성을 인정해 주고, 깍듯이 예우를 한다. 이를테면 양반광대가 대청에 올라와서 인사를 트고 말을 걸면, 그 탈을 쓴 광대가 비록 자기집에서 부리는 하인이라도 양반 대접을 해준다는 사실이다. 이는 풍산 류씨들이 아랫사람을 이해하고 수용하는 너그러움 또는 민속 문화의 전통을 인정하는 문화적 융통성을 확보하고 있었던 까닭이라 하겠다.

한편 또 다른 이유는 류씨들의 하회에 입향하여 정착한 과정을 통해서 찾아볼 수 있다. 입향 시조는 3년 동안 마을 입구에서 적선을 한 뒤에 터를 잡았다고 할 정도로 선주민들의 저항을 줄이기 위해 각별한 배려를 하였다. 그러니 류씨로서는 선주민이 위세를 떨치고 있는 마을에 신참자로 들어가면서 마을의 오랜 전통인 별신굿을 무시할 수 없다. 오히려 적응을 위해 적극적으로 협조하고 도와 주었을 것이다. 뒤에 그 후손들은 하회 마을을 석권할 정도로 신분적 위상이 크게 높아지고 마을에 절대적인 영향력을 행사할 수준에 이르렀지만, 이미 선조들이 참여했거나 인정해 준 별신굿을 그 후손들이 부정한 것으로 몰아세워 새삼스럽게 통제하거나 중단시킬 수는 없다. 그것은 곧 선조들의 행적을 비판하고 그 뜻을 거스르는 일이나 다름없기 때문이다.

한층 적극적인 이유는 탈춤은 별신굿의 일환이었다는 사실에서 찾을 수 있다. 별신굿의 목적은 마을의 풍요와 평안을 기원하는 것이다. 이러한 목적의 굿은 곧 마을 사람들 전체의 복지를 기원하는 데 기초하고 있으므로 풍산 류씨들이라 하여 그곳의 목적이나 제의적 결과의 성취에서 예외일 수 없다. 오히려 굿을 주도하고 동제를 주관하는 각성바지들보다 더 많은 혜택을 받을 수 있다. 왜냐하면 대부분의 토지와 가축들은 류씨들의 소유이므로, 농사가 잘 되고 가축에 피해가 없다는 것은 곧 그들의 풍요를 보장하는 길이다. 한마디로 별신굿의 효험은 오히려 풍산 류씨들의 풍요와 안정을 보장해 주는 제의인 것이다. 그러므로 자신들을 비판하는 극적인 풍자를 조금 감수하더라도 주술적인 목적을 염두에 둔다면 그들 스스로 지원해 줄 만한 제의이지 금압할 난장판은 아니라고 해석할 수 있다.

별신굿탈놀이를 하나의 마을 축제로 본다면 축제가 가지는 일반적인 기능을 통해서 탈춤의 전승력을 해석할 수도 있다. 축제는 기존 질서와 사회적 규범을 뒤집는 일종의 난장을 트는 일이므로, 이를 두고서 흔히 '의례화된 반란'이라고 규정하기도 한다. 지배 세력에 대한 민중들의 저항 의식을 의례화된 반란을 통해서 해소시켜 줌으로써 실질적인 저항 의지를 약화시켜 버리는 정치적 의도로 축제를 해석하는 것이다. 이를테면 민중들은 탈춤을 통해서 기존 체제를 전도시키고 통쾌한 해방감을 만끽하게 되므로 실제적인 변혁 의지를 무디게 하는 동시에, 축제 동안 초래되는 사회적 무질서나 극중에서 형상화된 전도된 질서를 경험함으로써 변혁의 혼란을 두렵게 여기고 자제하게 하는 구실도 한다. 만일 이런 목적에서 류씨들이 별신굿을 의도적으로 허용하였다면 상당히 정치적 속셈을 지녔다고 하겠다. 그러나 앞서 검토한 바처럼 그들이 입주하기 오래 전부터 있었던 별신굿의 토착적 전통을 인정하면서 입주했다는 사실을 염두에 둔다면 이러한 해석은 무리한 것일 수밖에 없다.

# 하회의 대립적 전통과 그 조화성

　　지금까지 보아 온 하회의 문화적 전통을 한마디로 요약해서 표현한다면 대립적 조화성이라 할 수 있다. 하회의 문화 현상을 대립적인 관계 속에서 그 조화를 찾아 정리해 보면 다음 몇 가지로 간추릴 수 있다.

　　첫째는 상류층 전통이다. 이미 말한 바와 같이 집을 지키는 어머니를 위하여 나라의 관직을 사직하고 집으로 돌아와 가정을 지킨 겸암의 효와 부모와 가사를 돌보지 않고 임란의 위기에 왕의 피난길을 보필한 서애의 충이 서로 대립적 관계 속에서 조화를 이루며 가정과 나라를 함께 이끌었다는 점이다.

　　둘째는 민중적 전통의 대립성이다. 평소에는 양반들의 수하에서 종노릇과 소작인 노릇을 하면서 상하 질서에 순종하는 삶을 살다가도 정초가 되면 별신굿을 하면서 양반들의 신분적 특권과 허위를 여지없이 폭로 풍자하며 민중 의식을 다지는 한편, 신분의 상하, 종교적 성속, 남녀간의 차별 관념을 비판하며 별신굿을 즐긴다. 이는 모두 유교적 도덕률을 뒤집어 엎는 일이다. 그러므로 유교적 생활 전통과 반유교적 별신굿의 전통을 함께 공유하면서 변혁의 의지를 다져 온 것이다.

셋째는 상하층의 놀이 전통이 대립을 이루면서 전승되고 있다는 점이다. 민중들은 별신굿탈놀이를 주체적으로 행하는가 하면, 양반들은 뱃놀이의 일종인 선유를 여름밤에 즐긴다. 별신굿은 민중들이 주체가 되어 자신들의 세계관에 입각해서 양반들의 세계관을 뒤집어 엎지만, 양반들은 별신굿에 드는 경비를 제공해 줄 뿐 아니라, 공공연히 양반과 선비를 욕보이는 탈춤을 놀아도 이를 허용해 주는 동시에, 하인놈이 양반역을 맡게 되어도 하인이 아닌 양반으로 높이 인정해 주는 아량을 보인다. 반면에 양반들이 자신들의 세계관에 따라 나룻배에다 기생을 태우고 시문을 읊으며 선유를 즐길 때는 전적으로 민중들이 이 놀이에 필요한 준비를 맡아서 한다.

별신굿탈놀이가 민중을 중심으로 한 각성바지가 주체가 되어 연행되듯이 선유는 양반, 선비들인 풍산 류씨들이 주체가 되어 기생들과 더불어 즐기는 뱃놀이일 따름이다. 신분 계층에 따라 자신들의 세계관에 걸맞는 놀이가 제각기 있고, 그때마다 서로의 놀이를 지원해 주는 체제는 상하 신분의 대척적 관계 속에서도 서로를 인정하며 더불어 살아가는 공동체적 삶의 지혜가 조화롭게 발휘된 셈이다.

이러한 조화는 양진당이나 충효당, 북촌댁과 같은 규모있는 와가들이 있는가 하면, 초가 삼간을 지닌 오두막들도 층차를 이루며 마을을 형성하고 있는 데서도 드러난다. 한쪽으로 편벽되지 않은 이러한 전통의 대립적 조화가 균형을 이룬 관계로 반상의 두 전통이 함께 역사적 전통을 지속할 수 있었던 것이다. 또한 이 점이야말로 하회 마을의 문화적 개성으로 가장 높이 평가해야 할 국면이 아닌가 한다.

마을의 공간 배치와 탈의 조형성에도 이러한 대립적 조화성이 두드러져 있다. 현실감이 없는 탈의 과도한 입체감이나 좌우 부대칭의 눈매, 입매 등이 오히려 부조리한 현실과 인간적 본성의 대립적 관계를 가장 적절하게 나타냄으로써 대립적 통일성과 불일치의 조화를 변증법적으로 형상화하고 있는 것처럼, 마을의 여러 문화적

**별신굿탈놀이와 뱃놀이**  별신굿탈놀이는 민중이, 뱃놀이는 양반들이 주체가 되어 즐기
지만 서로의 놀이를 인정하면서 지원해 준다. 위는 먹으면 양기에 좋다는 백정의
말에 양반, 선비가 서로 다투어 우랑을 사려고 하다가 놓쳐 버리는 탈춤의 한 장면이
고, 아래는 줄불이 밝혀지고 부용대에서 불꽃이 떨어지는 가운데 화천 위에 풍류를
즐기는 양반들의 배와 달걀불이 여름밤을 수놓고 있는 뱃놀이 장면이다.

**초가와 와가**. 하회는 상류층 전통과 민중적 전통이 대립적인 관계 속에 있으면서 서로
조화를 이루고 있다. 별신굿탈놀이와 뱃놀이를 비롯해서 그들의 공간 배치에서도
두드러지게 나타난다. 작은 초가와 규모있는 와가들로 대비되는 가옥의 분포는 하회
의 대립적 전통 곧 반상의 두 전통을 상징적으로 시각화해 주고 있다.

구조물들이 차지하고 있는 관계도 상당히 대립적이면서도 균형 감각을 상실하지 않고 있어 주목된다.

서낭당과 국사당, 성황당 등 지연적 기반의 제의적 상징물은 한결같이 화산을 배경으로 한 마을 동쪽에 자리를 잡고 있다. 허씨와 안씨들 그리고 각성바지들의 상징적 권역이라 할 수 있다. 이와 맞서는 관계에 있는 풍산 류씨 문중의 혈연적 상징물들은 한결같이 마을의 서북쪽에 자리를 잡고 있다. 양진당과 충효당 두 종가는 화산 서쪽에 위치한다. 그러면서 이들 종가를 중심으로 빈연정사와 겸암정이 서쪽으로, 원지정사와 옥연정이 북쪽으로 나란히 배치되어 있다. 이처럼 마을의 지연적, 혈연적 상징물의 대립은 마을에 정착한 성씨들의 입촌사(入村史)를 반영한 것이다. 지연적 상징물이자 무교적 경관들은 허씨와 안씨들이 모둠살이를 이루었던 화산을 중심으로 마을 동쪽에 위치해 있고, 혈연적 상징물이자 유교적 경관은 마을 부용대를 중심으로 마을 서북쪽에 위치해 있으면서, 혈연적 문중의 위세를 유지하는 가운데 지연적 전통의 뿌리를 지켜나가는 조화를 이루고 있는 것이다.

마을의 이러한 전통의 대립적 조화는 늘 일관되게 나타나는 것은 아니다. 역사적 조건에 따라서 전통이 가변적으로 부침될 뿐 아니라, 시대적 상황에 따라 역사적 진보에 장애가 되는 전통이나 힘을 보태는 구실을 하는 전통이 새삼스레 부각되기도 한다. 그럼 이러한 하회의 여러 전통 가운데 오늘날 우리가 주목해야 할 전통은 무엇인가? 그것은 마을을 보는 이의 역사 의식 또는 가치관의 문제와 연관되어 있다. 쓴이는 민속을 연구하는 동안 '보다 많은 사람들이 한층 자유롭고 한층 풍요로운 삶'을 추구하고 있는 것이 민속 문화의 본질임을 깨우쳤다. 하회의 전통도 같은 시각에서 보아야 한다. 그렇다면 마땅히 마을 공동체의 평안과 풍요를 비는 별신굿의 전통을 계승하는 동시에 신분적 특권과 종교적 관념으로 사람들의 노동력을 착취하고 생명 본성을 억압하는 사회 구조에 비판적인 탈춤의 전통 또한 오늘에 되살려야 마땅하다.

이러한 민중적 전통을 오늘에 되살린다고 하여 별신굿의 주술성이나 탈춤의 예술성에 만족할 수는 없다. 그러한 전통의 계승은 답습이자 역사의 정체성을 조장하는 일에 머물기 때문이다. 하회 마을은 주술적 전통에서 예술적 전통으로 나아갔다. 그러나 이제는 사정이 다르다.

인문학적 인식에 의한 예술적 표현으로서 '보다 많은 사람들이 한층 자유롭고 한층 풍요로운 삶'을 획득해 나가기란 사실상 불가능하다는 자각에 이르렀다. 인문학적 인식과 대응력을 뛰어넘는 사회과학적 인식과 대응이 이 시대에 우리에게 새로운 전통으로 우뚝 다가와 있는 것이다. 그것은 바로 변혁의 전통이다. 사회과학에서 기본적으로 문제삼고 있는 '체제'와 '계급'과 '민족'에 관한 모순들을 해결하는 길은 주술적인 굿이나 예술적인 탈춤의 전통에서는 마련하기 어려움을 깨우치게 되자, 그 대안으로 변혁의 전통이 등장하게 된 것이다. 탈춤에서 마당극으로 마당극에서 마당굿으로 또는 대동굿으로 변모해 온 오늘의 문화는 바로 변혁의 전통으로 나아가고 있다.

말을 바꾸면, 원초적으로 자연과 신령에 의존하던 타력적 인식과 해결에서, 다음 단계로 사회적 신분적 억압에 대한 경험을 바탕으로 형성된 인문학적 상상력에 의한 자력적 인식과 대응으로 발전했으며, 이제는 다시 민족 모순과 계급 모순에 대한 사회과학적 인식을 토대로 한 자력적 해결과 실천적 대응의 단계로 발전해 온 셈이다. 지금 하회 마을에는 제3의 단계인 변혁의 전통이 살아나지 않고 있다. 결국 하회 마을은 20세기 초의 상황에서 정체된 채, 관 주도의 전통 문화 보존 정책에 족쇄가 채어진 채 관광객들의 구경 거리가 되고 있다. 뿐만 아니라 마을 출신의 부호들이 실제 삶의 근거지는 도시에 두고서도 하회에다가 고대광실 같은 한옥을 지어 자기 위세를 과시하고 있다. 그렇찮아도 쪼들리는 토박이들은 이들의 위세로

물안개 피어오른 하회의 강변

하여금 더욱 주눅이 들게 되었다. 그래서 당당하게 지켜오던 오랜 가풍도 잦아들고 관광객 상대의 상행위와 민박이, 마을에 남아 있는 다수 주민들의 생계 수단으로 점차 그 자리를 넓혀 가고 있는 상태이다.

그러므로 하회 마을에는 역사의 진보를 정체시키는 관제 전통이 정부의 보호를 받으며 잔존해 있고, 고향을 등지고 객지에 나가서 돈깨나 번 부호들의 대형 와가들은 계속 마을에 새로 들어서면서 마을의 경관을 해치고 있되, 민중적 전통은 새롭게 그 뿌리를 박지 못한 채 급격히 쇠퇴하고 있다. 그런 까닭에 마을을 지키며 붙박이로 살고 있는 하회의 토박이들은 더욱 부자유스럽고 경제적으로 위축된 삶을 살아야 하는 처지에 놓여 있다. 그들은 하회탈춤의 현실 인식을 잠재적으로 전승하면서 또 한 차례의 변혁을 꿈꾸고 있는지도 모른다. 그러나 객지에 나가서 출세했다는 사람들의 생각은 다른 데 있다. 그들은 결코 하회 마을의 변화 발전을 기대하지 않는다. 변혁은 더 더욱 거역스럽게 여긴다. 나가 사는 부호들이 조선조의 봉건적 체제 속에 정체되어 있는 고향 마을을 기대하며 새로운 지배 계급이 되고자 하는 탓이다.

우리는 이러한 봉건적 발상과 퇴행적 삶을 경계해야 마땅하지만 이에 대한 적절한 대안은 선뜻 마련할 수 없다. 하회 마을에 붙박이로 살고 있는 토박이들의 주체적 의사에 따라서 그러한 대안들이 합의되고 모색되어야 할 것이다. 마을 토박이들의 주체적 변혁의 기량을 기대하며 이를 부추기는 데 우리도 한몫 담당할 수 있다면 큰 다행이겠다. 하회가 조선조 한때의 모습을 보여 주는 그런 정체된 마을이 아니라, 지금 이 땅의 역사를 진전시키는 데 적극적으로 이바지하는 생동하는 실체로 살아 있는 오늘의 마을이기를 기대해야 할 것이다.

# 참고 문헌

강신표 외 「하회마을 조사보고서」 경상북도, 1979.

김성균 '하회(Winding River)마을 : 한국적 경관의 시학' 펜실베니아
(Pensilvania)대학교 대학원 박사학위논문, 1988.

김용직 「하회마을」 열화당, 1981.

김용환 '지역적 조망에서 본 한국 친족조직 연구:중국의 체계와 비교를
통하여' 뉴저지(New Jersy)주립대학 대학원 박사학위논문, 1989.

김택규 「씨족부락의 구조연구」 일조각, 중판, 1982.

박진태 '하회별신굿탈놀이의 형성과 구조연구' 고려대학교 대학원 박사학
위논문, 1988.

서연호 '하회탈춤의 연극적 구조' 「전통사회의 민중예술」 민음사, 1980.

성병희 '하회별신굿탈놀이' 「한국민속학 12」 민속학회, 1980.

양진석 '하회마을의 공간구조에 관한 기초적 고찰' 교토(京都)대학교
대학원 석사학위논문, 1991.

임재해 「한국민속과 전통의 세계」 지식산업사, 1991.

빛깔있는 책들 101-25

# 안동 하회 마을

| 글 | —임재해 |
| 사진 | —김수남 |

| 발행인 | —장세우 |
| 발행처 | —주식회사 대원사 |

| 편집 | —김한주, 신현희, 조은정, 황인원 |
| 미술 | —윤봉희 |
| 전산사식 | —육세림, 이규헌 |

| 첫판 1쇄 | —1992년 7월 27일 발행 |
| 첫판 8쇄 | —2003년 5월 30일 발행 |

주식회사 대원사
우편번호/140-901
서울 용산구 후암동 358-17
전화번호/(02) 757-6717~9
팩시밀리/(02) 775-8043
등록번호/제 3-191호
http://www.daewonsa.co.kr

ⓤ 값 8,500원

Daewonsa Publishing Co., Ltd.
Printed in Korea(1992)

ISBN 89-369-0129-X 00380